鲁迅传

吴中杰 著

复旦大学出版社

果麦文化 出品

目录

一 从小康到困顿

绍兴：江南水乡，历史名城

鲁迅于 1881 年 9 月 25 日（阴历辛巳八月初三）诞生在浙江省绍兴府城内东昌坊口周家新台门里。他小名樟寿，学名树人，号豫才；"鲁迅"是他从事新文化运动以后所常用的笔名，但却以这个笔名闻世。

　　那是灾难深重的岁月。中国数千年的皇权专制制度，已经走到历史行程的终点。古老的帝国，早就霉烂、腐朽，只不过在闭关自守的条件下苟延残喘。但到 1840 年，英国侵略者的大炮却打开了帝国的大门。马克思指出："与外界完全隔绝曾是保存旧中国的首要条件，而当这种隔绝状态在英国的努力之下被暴力所打破的时候，接踵而来的必然是解体的过程，正如小心保存在密闭棺木里的木乃伊一接触新鲜空气便必然要解体一样。"[1]

1　马克思:《中国革命和欧洲革命》,《马克思恩格斯选集》第二卷，人民出版社，1972 年版，第 3 页。

鲁迅故居：绍兴东昌坊口周家新台门内小堂前

鲁迅祖父周福清画像　　　鲁迅父亲周伯宜画像　　鲁迅母亲鲁瑞

　　继英国炮舰之后，俄、美、法、德、日等国侵略者纷至沓来。一向妄自尊大的清王朝却跪倒在洋大人的脚下，丧权辱国、割地赔款的不平等条约一个接着一个，就像一条条锁链似的套在中国人民的身上。中国人民日益深重地陷入了苦难的深渊。

　　这时，有识之士开始思变，要求改图更新。传统的纲常名教和典章制度，受到了很大的冲击。尽管不断有卫道之士出来，"赫然奋怒以卫吾道"，但不过是螳臂当车而已。这时，旧思想的瓦解正如旧生活条件的瓦解一样，是无法遏止的。

鲁迅的家庭，是一个"诗礼传家"的"书香门第"。祖父周福清（介孚），进士出身，钦点翰林院庶吉士，后曾外放江西金溪做知县；父亲周伯宜，中过秀才，闲居在家；母亲鲁瑞，安桥头村人，她父亲鲁晴轩是举人，曾任户部主事，她本人则以自修得到能够看书的学力。周家本是一个大家族，据说祖上曾经"购地建房，设肆营商，广置良田"，很是兴旺发达，但这时却已经败落。不过到鲁迅出生时，他"家里还有四五十亩水田，并不很愁生计"，大概可以算作小康之家。

《鉴略》：鲁迅最早的启蒙读本。《启蒙鉴略》，为《鉴略》的一种版本

鲁迅祖父示孙辈学诗笺

在这样一个家庭里，鲁迅从小便受着传统的教育。他七岁被送入家塾开蒙，读的是《鉴略》。当时听人说，读《鉴略》比读《千字文》《百家姓》有用得多，因为可以知道从古到今的大概。但那时的教育不重理解，更不讲情趣，只是要儿童死记硬背。于是，鲁迅被迫每天读着、背着："粤自盘古，生于太荒，首出御世，肇开混茫……"知道从古到今的大概，那当然是很好的，但一字也不懂。幼小的儿童，读着这样古奥的东西，简

直是活受罪。

那时，鲁迅时常能得到的乐趣是到屋后的百草园里玩耍。这个园子虽然只有一些野草，但对鲁迅来说，却是一个乐园了。"不必说碧绿的菜畦，光滑的石井栏，高大的皂荚树，紫红的桑椹；也不必说鸣蝉在树叶里长吟，肥胖的黄蜂伏在菜花上，轻捷的叫天子（云雀）忽然从草间直蹿向云霄里去了。单是周围的短短的泥墙根一带，就有无限趣味。油蛉在这里低唱，蟋蟀们在这里弹琴。翻开断砖来，有时会遇见蜈蚣；还有斑蝥，倘若用手指按住它的脊梁，便会啪的一声，从后窍喷出一阵烟雾。何首乌藤和木莲藤缠络着，木莲有莲房一般的果实，何首乌有臃肿的根。……如果不怕刺，还可以摘到覆盆子，像小珊瑚珠攒成的小球，又酸又甜，色味都比桑椹要好得远。"但就是这样的乐园，鲁迅也没能享受多久。十二岁时，鲁迅被送进了三味书屋，从此，他就不能常到百草园里捉蟋蟀和摘覆盆子了。

百草园：幼年鲁迅的乐园

三味书屋被称为全城中最严厉的书塾，离周家不上半里。先生叫寿镜吾，是一个高而瘦的老人，须发都花白了，还戴着副大眼镜。据说，他是本城中极方正、质朴、博学的人。但这位老先生所用的教学方法也还是强迫学生死记硬背。他们整日读书，正午习字，晚上对课。但孩子们也自有办法寻找乐趣。他们或者趁先生不注意时，用纸糊的盔甲套在指甲上做戏，或者跑到后园去折蜡梅，寻蝉蜕，捉了苍蝇喂蚂蚁。然而同窗们到园里太多、太久是不行的，那要受到先生的斥责，大家只好陆续回去，放开喉咙读一阵书。有念"仁远乎哉我欲仁斯仁至矣"的，有念"笑人齿缺曰狗窦大开"的，有念"上九潜龙勿用"的，有念"厥土下上上错厥贡苞茅橘柚"的……真是人声鼎沸。先生自己也念书，有时还大声朗读——"铁如意，指挥倜傥，一座皆惊呢～～；金叵罗，颠倒淋漓噫，千杯未醉嗬～～……"先生读得得意起来，就将头仰起，摇着，向后面拗过去，拗过去。就在这样的环境中，鲁迅读完了儒家的经典——"四书五经"，还有长辈的赠品《二十四孝图》之类。

三味书屋：鲁迅上学的书塾

鲁迅对于那些他半懂不懂的儒家经典很不满意，他后来说："孔孟的书我读得最早，最熟，然而倒似乎和我不相干。"而对于那本通俗的旧道德教科书《二十四孝图》，则尤其反感，因为它悖情违理。他说："我幼小时候实未尝蓄意忤逆，对于父母，倒是极愿意孝顺的。不过年幼无知，只用了私见来解释'孝顺'的做法，以为无非是'听话'，'从命'，以及长大之后，给年老的父母好好地吃饭罢了。自从得了这一本孝子的教科书以后，才知道并不然，而且还要难到几十几百倍。"[1]什么"子路负米""黄香扇枕"之类倒也罢了，"陆绩怀橘"也并不难；"哭竹生笋"已很可疑，"卧冰求鲤"可就有性命之虞了。其中最使他

《二十四孝图》：鲁迅深为反感的"孝子教科书"

《老鼠娶亲》：鲁迅所喜欢的民间版画

1　鲁迅：《〈二十四孝图〉》，《鲁迅全集》第二卷，人民文学出版社，2005年版，第261页。

不解，甚至于发生反感的，是"老莱娱亲"和"郭巨埋儿"两件事。一个七十岁的老头子，却穿着五色斑斓的花衣服，像婴儿一样地戏于亲侧，又常挑水上堂，还要假装跌倒，趴在地上学婴儿啼哭，以取悦双亲，这是多么虚伪啊！而郭巨因家贫，为了能供养母亲，竟要将一个活泼泼的三岁小儿活埋，这又是何等残忍啊！鲁迅看出了这种孝道的虚伪残酷，于是渐渐对传统伦理道德怀疑起来了。

鲁迅不爱读儒家经典，却很喜欢野史杂记及一些民间文艺。在三味书屋上学的时候，他就趁老先生读书读得入神之际，偷偷地用"荆州纸"蒙在绣像小说上面画人像，《荡寇志》《西游记》的绣像都画有一大本。而课外涉猎的范围更加广泛，从带画的《山海经》《花镜》《诗画舫》到《聊斋志异》《三国演义》《夜谈随录》等小说，以及《酉阳杂俎》《容斋随笔》等杂集，鲁迅都读了许多，不但丰富了学识，而且还培养了思想能力。

除了读书之外，鲁迅还同农民有着接触，这是他少年时代生活中最大的快乐。鲁迅不但曾经有过像运水这样可爱的幼年农民朋友，教他在雪地里捉小鸟雀，告诉他许多在士大夫的书房和庭院中所看不到的新鲜事：海边的五色贝壳、西瓜地里伶俐的猹以及獾猪、刺猬，还有潮汛要来的时候出现的有青蛙似的两个脚的跳鱼，等等；而且，由于外婆家是在农村，这又使他有时能够走出士大夫阶级的"上流社会"，而和农民有一定的接触。鲁迅母亲的娘家在安桥头，是一个离海边不远、极偏僻的、临河的小村庄；住户大都以种田、打鱼为生。当时绍兴的习惯，是凡有出嫁的女儿，倘或自己还未当家，夏间便大抵回到母家去消夏。那时鲁迅的祖母虽然还康健，但母亲也已分担了些家务，所以夏期便不能多日地归省了，只得在扫墓完毕之后，抽空去住几天。每年此时，鲁迅便跟了母亲住在外祖母的家里。安桥头地方虽小，但对鲁迅来说，却是一块乐土：因为他在这里不但得到优待，又可以免念"秩秩斯干，幽幽南山"了；这无异于暂时走出囚笼，呼吸一点清新的空气。

安桥头：鲁迅的外婆家

农民绝没有士大夫阶级那种虚伪的假面和尔虞我诈的手段，他们首先使鲁迅感受至深的是淳朴浑厚的感情。"在小村里，一家的客，几乎也就是公共的。"许多小朋友因为有了远客，也都从父母那里得了减少工作的许可，来陪伴鲁迅一同游戏。他们年纪都相仿，但论起行辈来，却至少是叔子，有几个还是太公，因为这里合村都同姓，是本家。然而他们都是朋友，即使偶尔吵闹起来，打了太公，一村的老老小小，也绝没有一个会想起"犯上"这两个字来。鲁迅和他的小朋友们每天掘蚯蚓、钓虾子、骑黄牛、跑野地，玩得不亦乐乎。有时，如果邻村有戏，他们还可以架起双橹，摇起航船，在朦胧的月色里径向戏台边飞去。两岸的豆麦和河底的水草所发散出来的清香，夹杂在水气中扑面吹来；淡黑的起伏的连山，仿佛是踊跃的铁的兽脊似的，都远远地向船尾跑去；前面是点点渔火，装饰着夜的港汊；远处传来阵阵笛声，婉转、悠扬——在这样的情景中，真觉得自身都要和笛声一起弥散在含着豆麦蕴藻之香的夜气里。

但农村究竟不是世外桃源，这里也有着各种社会矛盾。农民的小孩虽然还有一点自然的欢乐，但一到成年，便是无穷的痛苦。他们终年勤劳，却得不到温饱。这种情况，鲁迅在农村住得略久一点，便逐渐感觉到了，因而，对农民产生了深切的同情，对上流社会也更加厌恶起来。对农村情况的了解和对农民的深厚感情，于鲁迅后来的思想发展和艺术创作都起了很重要的作用。他说："后来我看到一些外国的小说，尤其是俄国、波兰和巴尔干诸小国的，才明白了世界上也有这许多和我们的劳苦大众同一运命的人，而有些作家正在为此而呼号，而战斗。而历来所见的农村之类的景况，也更加分明地再现于我的眼前。偶然得到一个可写文章的机会，我便将所谓上流社会的堕落和下层社会的不幸，陆续用短篇小说的形式发表出来了。"[1]

到十二岁时，鲁迅家里忽而遭了一场很大的变故——祖父被捕入狱；继而又遇父亲重病，家道很快就败落下来了。

那是在 1893 年，即光绪十九年。那年乡试的主考是鲁迅祖父周福清的同年，亲友中有人出主意，凑了一万两银子，要周福清为几个亲戚去通关节，事情败露，遂被判为"斩监候"，即判处死刑，关在监狱里等候执行。在科举取士的清朝，科场案是非常严重的，弄不好可以"满门抄斩"，所以一时搞得形势很紧张，鲁迅和他的弟弟被送到皇甫庄大舅父家避难。因为是避

1　鲁迅：《英译本〈短篇小说选集〉自序》，《鲁迅全集》第七卷，第411页。

难来的，所以情形与以前大不一样，很受到一些冷遇，有时甚至被称为"乞食者"。这给鲁迅很大的刺激。不久，紧张的形势缓和下来了。鲁迅在舅父家住了半年光景就回到家里。但家道却从此一蹶不振。因为祖父在监狱里得不断用钱，特别是每年秋审，总有消息传来，说老太爷恐怕要遭不测了，于是就得设法凑钱去营救，一次又一次，家里渐渐不能支持了。

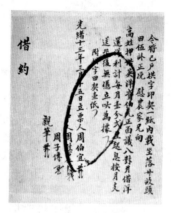

鲁迅父亲向人借债的契约

接着，父亲周伯宜又得了重病，须得请医生隔日诊视一次。先是请了一位本城的"名医"姚芝轩，因为出名，所以诊金很贵，每次得一元四角，很不容易张罗；而且用药也与众不同，就连"药引"都很难得。起码是芦根，须到河边去掘；一到经霜三年的甘蔗，便至少也得搜寻两三天。但这样地看了整两年，父亲的病还不见起色，而且水肿是逐日厉害，将要不能起床了。姚芝轩自称所有的学问都用尽了，就荐了另一位名医何廉臣来自代——鲁迅在《朝花夕拾》里将他的名字倒过来，用谐音字写成陈莲荷。何廉臣的诊金也是一元四角，而且药引更奇特。芦根和经霜三年的甘蔗，他就从来没有用过。最平常的是蟋蟀一对，旁注小字道："要原配，即本在一窠中者。"似乎昆虫也要贞节，续弦或再醮，连做药资格也丧失了。此外还有结子的平地木之类，但这些东西于病症都不见效。名医只有求救于鬼神了："我这样用药还会不大见效，我想，可以请人看一看，可有什么冤愆……医能医病，不能医命，对不对？自然，这也许是前世的事……"这显然是在推卸责任。

鲁迅的父亲，就在这种庸医卜巫的手下亡故了。时为1896年，鲁迅十五岁。

祖父的入狱和父亲的重病，使得鲁迅有四年多，常常——几乎是每天，出入于质铺和药店里。药店的柜台和他一样高，质铺的是比他高一倍。他从一倍高的柜台外送上衣服或首饰去，在侮蔑里接了钱，再到一样高的柜台上给久病的父亲去买药。

少年鲁迅经常出入的当铺和药铺

鲁迅说："有谁从小康人家而坠入困顿的么，我以为在这途路中，大概可以看见世人的真面目。"[1]而他的家道衰落，恰好与旧社会的解体联系在一起。因而，鲁迅自身的感受也恰好与时

1　鲁迅：《呐喊·自序》，《鲁迅全集》第一卷，第437页。

代的脉搏同频共振。这些条件，促使鲁迅走上了一条士大夫阶级叛逆者的道路。

经历了这一场大变故，鲁迅对周围的人们早已看透，"连心肝也似乎有些了然"。于是他想"走异路，逃异地，去寻求别样的人们"。

二　走异路、逃异地

江南水师学堂遗址

当时读书人中科举算是正途，否则便做幕僚或经商，但鲁迅都不愿意，他想寻求新的知识。那时绍兴有个中西学堂，汉文之外，又教些洋文和算学，就为全城所笑骂，可见当地风气之保守，但鲁迅却感到不满足；功课较为别致的，还有杭州的求是书院，然而学费贵。无须学费的学校在南京，于是鲁迅带上八元旅费，离别了故乡，离别了母亲，踏上人生的征途。

鲁迅是 1898 年 5 月到南京的。他考进了江南水师学堂。这原是洋务派为了培养"新军"骨干而设立的。

洋务运动开始于 19 世纪 60 年代，代表人物是曾国藩、左宗棠、李鸿章、张之洞这些大官僚。他们感到清王朝的武力不如外国人，想学习洋人的坚船利炮，于是开制造局、办讲武学堂、训练新军，以为这是"自强之本"。但这些都是所谓形而下的"器"，至于形而上的"道"，则还是以儒家为本。这叫"中学为体，西学为用"。所以，他们可以重金聘请外国技师和军官来造船制炮和练兵教操，但不屑一顾资本主义国家的典章制度。而只要陈腐的政治制度不改变，"富国强兵"云云当然不过是一句骗人的空话。1894 年甲午一战，洋务派多年来精心培养的北洋舰队，被日本海军一举歼灭。洋务运动也就随之而破产。

甲午战败，对于中国人的刺激很大。《马关条约》规定的赔款数额达二万万两之多，而且还允许日本在中国通商口岸开办工厂、长期霸占台湾与辽东半岛；随之，各帝国主义国家纷纷夺取"势力范围"，中国面临着被瓜分的形势。爱国志士在亡国灭种的危机面前，深深为祖国的前途担忧。1895 年 5 月 2 日清廷批准《马关条约》，康有为联合十八省举人一千三百余人上书要求拒和、迁都、变法。从此，资产阶级改良主义运动逐步走向高潮。

改良主义者已经不满足于学习西方的坚船利炮，而要求改变祖宗成法。他们的口号是"维新变法"。虽然康有为的理论体系并没有超出儒家经学的范围，但实际上，这却反映了资产阶级的政治要求。只是，他们还不能用革命的方式，而是想利用帝、后之间的权力矛盾来进行变法。1898 年 6 月 11 日起，他们通过光绪皇帝，发布了一系列的"新政"措施：废科举、兴学校、提倡工业、实行言论自由、召开国会进行君主立宪，等等。但是，先天软弱的资产阶级改良派最终敌不过专制主义顽固派，9 月 21 日一个政变，"新政"便断送在血海中。光绪皇帝被囚，谭嗣同等六君子被杀，康有为、梁启超逃亡海外，改良主义也就宣告破产。

鲁迅所面对的，就是这样一个风云变幻的岁月。时代的风涛激荡着青年学子的心。

江南水师学堂在南京城北，一进仪凤门，便可以看见那二十丈高的桅杆和不知多高的烟囱。这桅杆很高，乌鸦和喜鹊都只能停在它的半途的木盘上。人如果爬到顶，便可以近看狮子山，远眺莫愁湖。功课是中西合璧，一星期中，几乎四整天是英文："It is a cat." "Is it a rat?"一整天是读汉文："君子曰，颖考叔可谓纯孝也已矣，爱其母，施及庄公。"一整天是做汉文：《知己知彼百战百胜论》《颖考叔论》《云从龙风从虎论》《咬得菜根则百事可做论》。这些功课，对于追求新知识非常迫切的鲁迅，是远远不能满足的。而且，更令人厌恶的是，除了有一点英文之类的点缀品之外，弥漫在空间里的仍旧是传统的意识和规矩。而且，同学之间也是等级森严，头二班学生要无端压制初进学的三班生。因为是军事学堂，所以非常专制。不但动辄记过，而且开除学生。但开除在那个学校里并不算什么大事件，大堂上还有军令，可以将学生杀头。

在这种"乌烟瘴气"的环境中，鲁迅"总觉得不大合适"。第二年初，他终于离开了这所学校，去考入江南陆师学堂附设的矿路学堂。

江南陆师学堂附设矿路学堂的礼堂

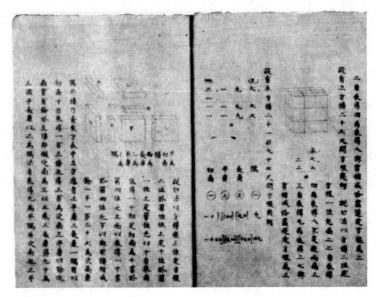

鲁迅在矿路学堂读书时的手抄讲义

　　这回不读英文了，改为德文，是"Der Mann, Das Weib, Das Kind"。因为在洋务派看来，海军是英国好，陆军则是德国强，所以水师学英国，而陆师学德国。汉文仍旧是"颖考叔可谓纯孝也已矣"，但外加《小学集注》，论文题目也小有不同。此外还有格致（博物学）、地学（地质学）、金石学（矿物学）……都非常新鲜。而且，第二年的总办换了一个"新党"，是赞成维新变法的。他坐在马车上的时候大抵看着《时务报》，考汉文也自己出题目，和教员出的很不同。有一次是《华盛顿论》，弄得只读"四书五经"的汉文教员反而惴惴地来问学生道："华盛顿是什么东西呀？"

鲁迅在矿路学堂读书时的部分课本

这个学校原来叫作陆军学堂附设铁路学堂，是洋务派大官僚两江总督张之洞开办的，他的后任刘坤一听说青龙山煤矿出息好，可以从中取利，想训练一批开矿的技师，便在铁路学堂增设开矿部分，改称矿路学堂。待到开学时，煤矿那面却已将原先的技师辞退，换了一个不甚了然的人了。理由是：一、先前的技师薪水太高；二、他们觉得开煤矿并不难。于是不到一年，就连煤在哪里也不甚了然起来，终于是所得的煤，只能供烧那两架抽水机之用，就是抽了水掘煤，掘出煤来抽水，结一笔出入两清的账。既然开矿无利，矿路学堂自然也就无须乎开了。在鲁迅上二年级时，就有风声说学校要裁撤了。但不知怎的，却又并不裁撤。到第三年他们下矿洞去看的时候，情形实在颇凄凉，抽水机当然还在转动，矿洞里积水却有半尺深，上面也点滴而下，几个矿工便在这里面鬼一般工作着。

这幅景象，的确也象征着当时中国工业的悲惨状况。在这种背景下设立的学堂，自然不能让学生学到什么东西。鲁迅到南京来原是想寻找一条新路的，但爬上天空二十丈和钻下地面二十丈，结果还是一无所得，真是"上穷碧落下黄泉，两处茫茫皆不见"。

但学校的围墙毕竟阻挡不住时代潮流的冲击，南京究竟也比绍兴开通一些。在这里，多少还能接触到一些新的事物。自从"新党"俞明震做了矿路学堂的总办以后，看新书的风气便流行起来。学堂里又设立了一个阅报处，《时务报》自不待言，还有《译学汇编》之类。这些新书报介绍了不少西方社会思想，给鲁迅打开了新的眼界。鲁迅当时所读的新书很多。无论是科学、哲学、文学、法学……只要是西方传过来的新知识，他都认真地读。而对鲁迅思想影响最大的则是严复译述的《天演论》。

鲁迅在南京求学时阅读的新书报

《天演论》是我国最初介绍进化论的书籍。译者严复是早期的留英学生，他虽然学的是海军，却非常关心政治，是我国向西方寻求真理的代表人物之一。这本书的底本是英国生物学家赫胥黎的论文集《进化论与伦理学及其他》中的前两篇，但《天演论》的译文并不完全忠实于原著，常有借题发挥之处，所以译者自称为"达旨"，而且还加上许多"案语"，直接表达译者自己的政治思想，目的是借西方的学说来刺激国人，以挽救祖国的危亡。

《天演论》：对鲁迅早期思想影响甚大之译书

赫胥黎根据进化论的观点，认为生物是发展进化的，不是亘古不变的。《天演论》第一节《察变》即大谈天道万物的变化，列举了许多事例，说明"天道变化，不主故常"的道理，并指出："不变一言，决非天运。而悠久成物之理，转在变动不居之中。"这种看法，与中国儒家所说的"天不变，道亦不变"的传统观点完全是针锋相对的，对于当时的保守思想无疑是一个猛烈的冲击。赫胥黎还将生物界的"物竞天择""适者生存"的规律用来解释人类社会，掩盖了帝国主义的侵略本质。但严复利用"弱肉强食""自然淘汰"的可怖景象激起国人挽救民族危亡的爱国意识，作用却是积极的。鲁迅当时求知欲正旺，他是从爱国主义思想出发来接受进化论观点的，所以进化论对鲁迅早期的思想起了积极的作用。鲁迅从进化论观点出发，要求发展，要求进步，要求革命，并且与阻碍发展、阻碍前进的旧事物进行坚决的斗争。进化论成为鲁迅思想的一个重要基础。

鲁迅在矿路学堂的毕业执照

戎马书生：鲁迅在南京求学时所刻图章，表现出他的书生意气

1901 年 12 月，鲁迅从矿路学堂毕业，领到了一张"第一等"的毕业文凭。但在腐败的清王朝，毕业之后又有什么事情可做呢？那时正处于八国联军之役后不久，"政府就又以为外国的政治法律和学问技术颇有可取之处了"，江南督练公所正在选择一批留学生。鲁迅在新思潮的推动之下，渴望到外国去留学，得到这样一个机会，便东渡日本，去寻求救国救民的真理。

这时是 1902 年 2 月，鲁迅二十一岁。

三 我以我血荐轩辕

鲁迅断发小照，1903 年摄

鲁迅怀着寻求新知、追求真理的满腔热情来到了日本东京，但在东京所见所闻，却使他感到失望。

当时，派到日本的留学生虽然很多，但有不少却是纨绔子弟。他们到国外来并非为着学习，而是为了镀金。这些人连专科学校都懒得进，于是应运而生了许多"速成班"，好让他们混个资格，赶快回国做官去。因为准备回去做官，辫子当然是不能剪的。他们只是将辫子盘在头顶上，弄得学生制帽高高耸起，形成一座"富士山"。而且常常顶着这座"富士山"，到上野公园里去游玩，到中国留学生会馆去学跳舞。

当然，急于求新知的留学生也是有的。他们除学习日文，准备进专门的学校之外，就跑书店，往集会，听讲演。但在这种地方也难免会遇到一些夸夸其谈的人。鲁迅在第一次赴会听讲时，就看见一位头包白纱布、用无锡腔讲演排满的英勇的青年，不觉肃然起敬。但听下去，到得他说"我在这里骂老太婆，老太婆一定也在那里骂吴稚晖"，听讲者一阵大笑的时候，就感到没趣，觉得留学生好像也不外乎嬉皮笑脸。"老太婆"者，指清朝的西太后。吴稚晖在东京开会骂西太后，是眼前的事实无疑，但要说这时西太后也正在北京开会骂吴稚晖，却难以令人

日本东京弘文学院外景

置信。这种无聊的插科打诨，有意的哗众取宠，使鲁迅对他的政治品质产生了怀疑。

不过东京毕竟是流亡者汇集之所，真正的革命运动也在这里蓬勃地发展起来。1902年4月至1904年9月，鲁迅在东京弘文学院读书。这是日本人嘉纳治五郎专门为中国留学生创办的预备性质的学校。鲁迅在这里学习期间，正是东京留学生中革命活动最活跃的时候。鲁迅刚到东京时，适值章太炎等人避难来到东京，发起召开"中夏亡国二百四十二年纪念会"，号召推翻清政府，孙中山也从横滨赶来参加。这个会虽因清公使蔡钧要求日本政府禁止，而改在横滨举行，但影响仍然很大。1904年，陶成章、龚宝铨、蔡元培等发起成立革命团体光复会，把江苏、浙江等地的革命者进一步组织起来。这时鼓吹革命思想的书报杂志，也像雨后春笋般在东京、上海等地出版。刊物如《湖北学生界》《江苏》《浙江潮》，书籍如《猛回头》

《警世钟》《革命军》《驳康有为政见书》《最近政见之评决》，还有翻印的旧书《嘉定屠城记略》《扬州十日记》《朱舜水集》《张苍水集》，等等，一时间搞得热火朝天。这些书刊虽然思想不一，但编印者有一个共同目的，都是鼓吹反清、宣传革命的。

鲁迅在这种革命思潮的影响下，大大地激发了爱国主义情感，走上民主革命的道路。

鲁迅是同学中比较激进的革命者，他在弘文学院江南班中是第一个剪辫的人。辫子象征着清王朝对中国人民的统治，"是砍了我们古人的许多头，这才种定了的"。因此，剪辫还是留辫，就成为一个严重的政治问题。即使在留学生中，剪辫也要经过一番激烈的斗争。剪了辫，不但回国后有杀头的危险，而且眼前就被留学生监督所管束着。但鲁迅不顾一切阻挠，毅然剪去自己的辫子。他在剪辫之后，特地拍了一张"断发照"，以资纪念，并且还在这张照片的背后题诗一首，赠给友人许寿裳。诗云：

灵台无计逃神矢，风雨如磐黯故园。
寄意寒星荃不察，我以我血荐轩辕！

这首诗可以看作鲁迅对于祖国人民的誓词。一个青年在异邦受到了革命思想的冲击，心潮澎湃，热血沸腾；回首故国，风雨如磐，灾难深重。啊，满天的星斗呀，请你将这番情意带给祖国人民吧！但人民却又这样沉睡不醒，不能觉察。于是，他立下誓词——决心为祖国人民的解放事业而贡献出自己的鲜血和生命！

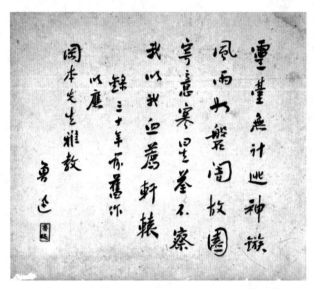

《自题小像》：鲁迅当年题赠许寿裳的明志诗

鲁迅在弘文学院很认真地阅读新书报，特别喜欢看文学和哲学的书，从中吸取新知识，寻找救国救民的道理。他当时受着西方启蒙主义思想的影响，常常思考着这样三个相关联的问题：第一，怎样才是理想的人性？第二，中国国民性中最缺乏的是什么？第三，它的病根何在？这表明，鲁迅当时的思想就有相当的前瞻性。他所考虑的已不是一般革命青年所热衷的排满复汉意识，而是怎样从根本上改造中国人的思想问题。这是鲁迅探索革命道路的中心课题。

1903 年，鲁迅应朋友许寿裳之约，为《浙江潮》杂志撰稿。开首的一篇是《斯巴达之魂》，这是以希腊历史故事为题材而编写的小说。作者从强烈的爱国主义思想出发，大力地渲染斯巴达人的尚武精神，希望激起国人的战斗热情来抗御外国侵略者。接着，他又写了一篇《说鈤》，这是我国介绍镭的最早文章。作者并且通过叙述法国居里夫人（原作古篱夫人）发现镭

1904 年鲁迅与留日同学合影：后排右为鲁迅，左为许寿裳

《浙江潮》：鲁迅最早发表文章的刊物

鲁迅与友人顾琅合编的《中国矿产志》

（原作鉮）的经过，介绍了西方的科学思想。

运用何种武器来拯救祖国？鲁迅当时还在选择之中。他虽然重视文艺的力量，但也很关心西方科学思想的介绍，以为这是足以启民智、发民力来解救中国危亡的东西。所以他又写了《中国地质略论》，并和友人顾琅合编了一本《中国矿产志》。在这里，鲁迅向国人介绍了地球发展进化之历史和中国地质、矿产分布的情况。但它并非所谓纯学术的著作，作者除了宣传西方的科学思想之外，更重要的还是为了激发国人的爱国主义精神。中国虽然地大物博，矿产资源丰富，但遭到帝国主义者的瓜分鱼肉，他们派了大批的特务，以旅行、探险为名，摸查中国矿产的秘密，竞相要求采掘权。这样，中国只剩下了矿产，而失却了矿权，国土财宝，日渐沦丧。于是，鲁迅大声疾呼："中国者，中国人之中国。可容外族之研究，不容外族之探险；可容外族之赞叹，不容外族之觊觎者也。"他号召国人"结合大群起而兴业"。

既然鲁迅介绍科学的目的在于开启民智，激发爱国主义情感，那么，迫切的问题便是普及宣传工作，需要将深奥之科学道理讲得娓娓动听，使读者喜欢阅读，容易接受，不至高深莫测，令人见之昏昏欲睡。于是，他又借助于文艺的力量，着手翻译"科学小说"。当时他翻译出版了法国儒勒·凡尔纳（Jules Verne）的两本科学幻想小说：《月界旅行》（出版时误作美国培伦）和《地底旅行》（出版时误作英国威南）。

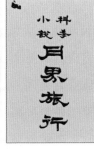

鲁迅翻译的两本科幻小说　　　　　　鲁迅在日本弘文学院的毕业证书

也正是在这样的思想基础上，当1904年4月底鲁迅在东京弘文学院结束了预备班的学业之后，他就选择了医学作为自己的职业。他说："我的梦很美满，预备卒业回来，救治像我父亲似的被误的病人的疾苦，战争时候便去当军医，一面又促进了国人对于维新的信仰。"[1]因为他从翻译的历史书上知道，日本维新是大半发端于西方医学。

在东京，鲁迅实在看厌了那些顶着"富士山"到处游览的清朝留学生和油腔滑调的演说家，所以不愿就近择校，而特地跑到那遥远的还没有留学生入学的仙台医专去学习。

1　鲁迅：《呐喊·自序》,《鲁迅全集》第一卷，第438页。

日本仙台医学专门学校校门

正因为仙台过去没有清朝留学生，大概是物以稀为贵吧，所以一开始时鲁迅很受了一番优待。不但学校不收学费，几个职员还为他的食宿操心。从此他就看见许多陌生的先生，听到许多新鲜的讲义。在这里，给鲁迅印象最深的是藤野严九郎先生。他样子黑瘦，八字须，有时上讲堂竟会忘记戴领结。据说因为穿衣服太模糊了，冬天穿一件旧外套，寒颤颤的，有一回上火车去，致使管车的疑心他是扒手，叫车里的乘客小心些。藤野先生很关心鲁迅的学业，开课一星期后便让助手把鲁迅叫到研究室里去。只见他坐在人骨和许多单独的头骨中间，正在细心地研究。他怕鲁迅听课记录不全，要鲁迅将所抄的讲义交给他看。第二天便交还，并且说，此后每一星期要送给他看一回。鲁迅拿过来打开看时，很吃了一惊，同时也感到一种不安和感激。原来讲义已经从头到尾，都用红笔添改过了，不但增加了许多脱漏的地方，连文法的错误，也都一一订正。这样一直持续到教完了他所担任的功课：骨学、血管学、神经学。还有一回，藤野先生将鲁迅叫到他的研究室里去，翻出鲁迅所记的讲义上的一个图来，是下臂的血管，指着，和蔼地说道："你看，你将这条血管移了一点位置了。自然，这样一移，的确比较的好看些，然而解剖图不是美术，实物是那么样的，我们没法改换它。现在我给你改好了，以后你要全照着黑板上那样的画。"

仙台医专藤野严九郎教授，鲁迅退学时他以照片相赠，并在背面题字"惜别"

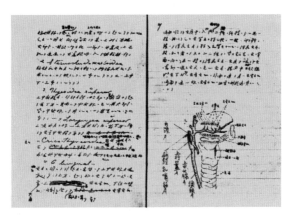

藤野先生修改过的鲁迅的课堂笔记

对于藤野先生这样的关怀，鲁迅很感激。但同时，他也很受到一些军国主义分子的压迫。他们想拿鲁迅作为练习中国话的对象，遭到了鲁迅的拒绝。不久，日俄战争爆发了，战场就在中国的东北地区，那些人便讥笑鲁迅道："为什么不回去流血，还在这里读书做什么？"鲁迅当然不屈服，有一次，竟在路上冲突起来。

第二学年开学之初，考试成绩已经发表，同学一百余人之中，鲁迅名列中间。但这却引起风波来了。那些人认为中国是弱国，中国人当然是低能儿，分数在六十分以上，便不是自己的能力了。所以他们怀疑鲁迅作弊。学生会干事借故来翻检他的课堂笔记，并写信污蔑说是藤野先生漏题给他。鲁迅便将这事告知了藤野先生，有几个和他熟识的同学也很不平，一同去诘责干事托词检查的无礼，并且要求他们将检查的结果发表出来。终于这流言消灭了，干事却又竭力运动，要收回那一封匿名信去，鲁迅也就将信还给了他们。

但这件事却给鲁迅很大的刺激。由于祖国的孱弱，他切身经受到帝国主义的压迫。这不能不进一步激起他的爱国情感。而且，接着他又受到一次更大的刺激：第二学年，新添了一门细菌学课程，课上在放映微生物图片之余，常插映一些时事片。时值日俄战争期间，而且是日胜俄败，所以关于战争的时事片也就特别多。有一回，鲁迅竟在画片上忽然看见久违的许多中国人，一个被绑在中间，许多站在左右，一样是强壮的体格，而显出麻木的神情。据解说，被绑着的是替俄国做了军事上的侦探，正要被日军砍下头颅来示众，而围着的便是来赏鉴示众盛举的人们。

"万岁！"同学们都拍掌欢呼起来。这种欢呼，是每看一片都有的。但对于鲁迅，这一声却显得特别刺耳。它搅乱了鲁迅的心境，把他学医救国的计划完全打垮了。这一学年没有完毕，鲁迅已经到了东京。"因为从那一回以后，我便觉得医学并非一

日俄战争时期的幻灯片，中国人的麻木状态对鲁迅刺激很深

件紧要事，凡是愚弱的国民，即使体格如何健全，如何茁壮，也只能做毫无意义的示众的材料和看客，病死多少是不必以为不幸的。所以我们的第一要著，是在改变他们的精神，而善于改变精神的是，我那时以为当然要推文艺，于是想提倡文艺运动了。"[1]

---

1   鲁迅:《呐喊·自序》,《鲁迅全集》第一卷，第 439 页。

仙台医专同学送别鲁迅，后排左一为鲁迅

四 在荒原中叫喊

鲁迅在日本东京的和服照

鲁迅再次来到东京，是在 1906 年夏天。这时，革命形势有了很大的发展。孙中山所领导的兴中会，章太炎所领导的光复会和黄兴所领导的华兴会已在年前联合成一个统一的革命组织同盟会，又创办了机关刊物《民报》，并且以此为基本阵地，与君主立宪派展开大论战。这时，革命派提出了明确的民族革命和民主革命的政治纲领："驱除鞑虏，恢复中华，建立民国，平均地权。"孙中山又在《民报·发刊词》中发出了"民族主义、民权主义和民生主义"的号召，旗帜鲜明，深得人心，民主主义思想广泛地传播开来，革命形势日益高涨。

　　在这种革命激情燃烧的岁月，人们往往会关心一些急功近利的事情，选择一些实用的专业，而很少有深远的考虑。所以，"在东京的留学生很有学法政理化以至警察工业的，但没有人治文学和美术"。当时大家对于鲁迅企图通过文艺来改造人们精神的想法都感到不理解，至少认为他迂远得可笑。因此，人们不但不支持他，倒反而不断地给予打击。

　　"你弄文学作甚，有什么用处？搞这东西将来只有饿死。"有一次，一位搞理工的朋友这样奚落道。"学文科的人知道学理工也有用处，这便是好处。"鲁迅愤然地回答道。他在缺乏理解

朱安:鲁迅为母亲而娶的妻子

和支持的环境中,仍旧坚持自己的信念,努力从事文艺工作。

但生活并不平静。这时,莫名其妙的流言出来了,说鲁迅在日本不务正业,已经和日本女人结婚,并且带着儿子在神田散步了。谣言立即传到故乡,而且说得活灵活现,弄得鲁迅的母亲很惊讶,便接二连三地来信催他回国。信中推说母亲有病,叫他回来探亲,及至回到家里,却见挂红结彩,这才知道是骗他归来结婚的。

对于这种封建的包办婚姻,鲁迅很不满意。但是绍兴的旧习俗,一个许配过人的女子如果被夫家退婚,从此便很难做人。鲁迅考虑到如果自己拒婚,那么对方女子便要做旧礼教的牺牲品,而且,他也不愿意使母亲难过,所以,他宁可牺牲自己的幸福,便与山阴朱安女士结了婚。只是婚后却不愿与朱夫人同房,搬到前楼上住了一个星期,便马上回到日本从事他的文艺活动。他曾对友人许寿裳说:"这是母亲给我的一件礼物,我只能好好地供养它,爱情是我所不知道的。"他希望中国那套旧婚姻的枷锁就到他为止了。鲁迅后来在杂文中论及这种封建的包办婚姻时曾说:"但在女性一方面,本来也没有罪,现在是做了旧习惯的牺牲。我们既然自觉着人类的道德,良心上不肯犯他们少的老的的罪,又不能责备异性,也只好陪着做一世牺牲。"[1]

回到东京之后,鲁迅便着手工作,他想掀起一个文艺运

1　鲁迅:《随感录·四十》,《鲁迅全集》第一卷,第338页。

动。在冷淡的空气中，也幸而寻到几个同志，此外又邀集了必须的几个人，商量之后，第一步当然是办杂志。这杂志取名为《新生》。因为当时人大抵带些复古的倾向，所以他们就借用了意大利诗人但丁的一个书名，取其"新的生命"的意思。鲁迅工作得很热心，他印了许多稿纸，选了一些可译的作品，而且连刊物的插图都选好了。第一期的插图是英国 19 世纪画家瓦支的

瓦支的《希望》：鲁迅为《新生》杂志所选的插图

油画《希望》，画的是一个诗人蒙着眼睛，抱着竖琴跪坐在地球上面……

但鲁迅的这种热情却受到一些人的讥笑。对文学非常轻蔑的人说："什么《新生》，这不会是学台所取的进学的'新生'吧？"当然，有志于革命事业的人对于这种风言风语是不当一回事的。可是接踵而来的是实际的打击。《新生》的出版之期接近了，但最先就隐去了若干担当文字的人，接着又逃走了资本，结果只剩下不名一文的三个人。未成形的《新生》就这样流产了。

"创始时候既已背时，失败时候当然无可告语。"这对鲁迅的打击是很沉重的。但是，鲁迅并没有灰心失望。他在东京继续进行各种准备工作。当时鲁迅的学籍挂在独逸语学会的独逸语学校，实际上他并不在那里当学生，而在公寓里刻苦自修，认真地准备着文学工作。

鲁迅的生活很艰苦。他开头在本乡区汤岛二丁目的伏见馆

租了一间房子，只有四张半席子大小，他就学着日本人的样子，席地而睡，席地而坐。他穿着也很朴素，开始是穿学生制服，后来改穿和服，无论往哪里去，都是一套服色，样子很像日本当地的穷学生，甚至到冬天也只里面穿短裤，外面穿一件长外衣就对付过去了。他宁可把不多的钱节省下来买书，绝不肯花在衣着上。但留学生中却很有些志在升官发财、不肯用功读书的人。伏见馆中就住着这样的人物，整天吵吵嚷嚷，弄得鲁迅无法工作。鲁迅很厌恶这类人，便搬到中越馆去住。这里虽然比较清静，可是房饭钱比较贵，吃食却很坏。后来，鲁迅的好友许寿裳在西片町十番地找到一所房子，是日本作家夏目漱石住过的，便招鲁迅等去同住，一共是五人，所以在门口路灯上标着："伍舍"。这里庭园宽广，环境幽雅。鲁迅一向喜欢植物，他从小就看《花镜》，研究过栽花的学问，这时便与友人一起种

伍舍：日本作家夏目漱石旧居，鲁迅与许寿裳等五人曾合租居住，故取此名

上一些花草，读书的环境很好。但是生活费用却增加了。鲁迅是完全靠着每月三十三元官费生活的，房租饭费一贵，就要入不敷出，有时只好靠做校对来增加些收入。当时，湖北留学生正在翻译同文会编的《支那经济全书》，鲁迅就做过校对。但校对的收入也有限，仍旧不能支持，又因同住的朱谋宣、钱家治二人先退，"伍舍"就散伙了。鲁迅便在附近另觅小屋居住。

同盟会的机关刊物：《民报》

　　鲁迅很用功。他不像有些留学生那样喜欢游山玩水，寻访异国情调，而极少出去游玩。上野的樱花虽说烂漫，鲁迅也只去观赏过一两次，还是因为到南江堂购书之便，应友人邀约而去的。只有书店，他是常常去逛的。神田的中西屋、日本桥的丸善书店、本乡的南江堂和郁文堂等处，都是鲁迅常到之所。只要囊中有钱，便不惜"孤注一掷"，他与朋友每每弄得怀里空空而归，相对叹道："又穷落了！"他每天晚上坐在洋油灯下看书，要看得很迟很迟，到明天早晨，房东来拿洋灯，整理炭盆时，只见盆里插满了烟蒂头，像是一个大马蜂窝。

　　鲁迅读书，不去寻求名家名作，但喜欢斗争性和反抗性强的作品。他以德文和日文为媒介来阅读外国作品，但对德国文学却不感兴趣，对日本文学，赏识的也不多。他孜孜以求的，则是"俄国、波兰和巴尔干诸小国"的作品。特别是俄国的果戈理、契诃夫、安特列夫，波兰的显克微支和匈牙利的裴多菲等人，对鲁迅产生了很大的影响。为什么鲁迅特别喜欢这些国家的文学作品呢？因为除俄国外，这些东北欧的国家当时都是属于被压迫的民族，在它们的文学里，正有着中国所需要的被压迫者的反抗和叫喊的声音。而俄罗斯这个帝国与我们中国也有很多共通之处。正因为如此，所以俄罗斯的进步文学就易于引起鲁迅的共鸣。鲁迅从事文学活动，完全是为着启发人们的思想觉悟，因此，他很讨厌那些"只能当醉饱之后，在发胀的身体上搔搔痒的"描写"伦敦小姐之缠绵和菲洲野蛮之古怪"的故事，而自然地要引那叫喊和反抗的作者为同调。鲁迅后来回忆说："那时就知道了俄国文学是我们的导师和朋友。因为从那里面，看见了被压迫者的善良的灵魂，的酸辛，的挣扎；还和四十年代的作品一同烧起希望，和六十年代的作品一同感到悲哀。我们岂不知道那时的大俄罗斯帝国也正在侵略中国，然而从文学里明白了一件大事，是世界上有两种人：压迫者和被压迫者！""从现在看来，这是谁都明白，不足道的，但在那时，却是一个大发见，正不亚于古人的发见了火的可以照暗夜，煮东西。"[1]

为了能直接阅读俄国作品，鲁迅在 1907 年冬天还曾跟一个逃亡日本的俄国革命党人马理亚·孔特夫人学习俄文，后因学费太贵，无力负担，不到半年就中止了。鲁迅当时与革命党人过从甚密。光复会副会长陶成章（焕卿）由于同乡的关系，常来与鲁迅聊天。陶成章曾经常往来于浙东一带农村里，穿一双草鞋，腰间勒条草绳，一天跑八九十里路，在会党中间进行秘密的反清活动。他一来，就说这里要"动"（起义）了，那里也要

1　鲁迅：《祝中俄文字之交》，《鲁迅全集》第四卷，第473页。

"动"了，很是起劲。1908年，鲁迅又认识了章太炎（炳麟）。章太炎是晚清有名的经学和小学大师，又是革命党的领袖，他的《驳康有为论革命书》曾经风靡一时，1903年，因为为邹容的《革命军》作序，鼓吹革命，在上海以《苏报》案被捕入狱。1906年6月出狱后，即被同盟会迎至日本东京主持《民报》的编辑工作。当时，他又在《民报》和《浙江潮》等报刊上发表诗文，继续鼓吹革命，很为青年所推崇。正是在这样的情况下，1908年夏秋间，鲁迅和许寿裳、钱玄同、朱希祖等人一起，每星期日上午到《民报》馆去听章太炎讲

章太炎：有学问的革命家，鲁迅曾师从他学习文字学

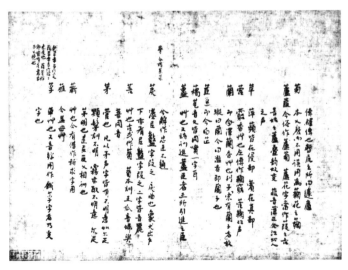

鲁迅学习《说文解字》的笔记

《说文解字》。鲁迅说，他这时爱看《民报》，并非为了章太炎的文笔古奥，索解为难，而是为了他富有斗争精神，"真是所向披靡，令人神旺"；他前去听讲，"又并非因为他是学者，却为了他是有学问的革命家"[1]。章太炎的思想，对鲁迅产生了很大的影响。

这段时期，鲁迅也并没有放弃寻找机会来推行文艺运动，以文艺为武器来改良社会。但不是自己想创作，注重的倒是翻译、介绍。1907 年，在《新生》杂志流产之后不久，鲁迅应人之邀，给《河南》杂志写了四篇论文：《人之历史》《科学史教篇》《文化偏至论》《摩罗诗力说》；1908 年，又写了《破恶声论》（未完）。这些文章，不但介绍了西方的文化思想，而且猛烈地批判了中国近代的各种思潮，并提出自己的革命主张。这就是"立人"思想。"诚若为今立计，所当稽求既往，相度方来，掊物质而张灵明，任个人而排众数。人既发扬踔厉矣，则

《河南》杂志：鲁迅早期的
重要文章都发表在这里

《摩罗诗力说》：鲁迅早期的
重要作品

1　鲁迅：《关于太炎先生二三事》，《鲁迅全集》第六卷，第 566 页。

邦国亦以兴起。"所以，他大声疾呼："今索诸中国，为精神界之战士者安在？有作至诚之声，致吾人于善美刚健者乎？有作温煦之声，援吾人出于荒寒者乎？"

但这呼声，在当时是落空了的。中国儒家诗教，历来是讲"温柔敦厚"，讲"思无邪"，讲"哀而不怨，怨而不怒，怒而不争"，哪里还有一点反抗的声音？即使是伟大的诗人屈原吧，在临死之前，去掉一些顾虑，总算能够"放言无惮，为前人所不敢言"了，"然中亦多芳菲凄恻之音，而反抗挑战，则终其篇未能见，感动后世，为力非强"。

这样，鲁迅不能不去求助于域外异邦。1909年，他和二弟周作人合作，编译了两本《域外小说集》，本着他历来的主张，以介绍东北欧被压迫民族的抗争文学为主，其中安特列夫的《谩》《默》和加尔洵的《四日》是鲁迅自己所译。《域外小说集》的出版，在当时的翻译界和文艺界是别开生面的。晚清的翻译界，在文学方面是林琴南独执牛耳。他不懂外文，与人对译，材料没有严格选择，译笔亦不忠实于原著。而《域外小说集》，则"收录至审慎，移译亦期弗失文情"，从内容到译笔都对此种译风起了针砭作用。但当时的读书界却见不及此，表现出异常的淡漠。鲁迅当初的计划，是筹办了连印两册的资本，待到卖回本钱，再印第三、第四，以至第 n 册，如此继续下去，积少成多，也可以约略介绍各国名家的著作了。但是，这两册书在东京和上海两个寄售处每册各只卖去二十本上下，以后再没有人买了，于是第三册只好停版。

鲁迅与周作人合译的
《域外小说集》

1909年鲁迅与友人许寿裳
（后立者）、蒋抑卮（右坐者）
合影。蒋抑卮在经济上支持
《域外小说集》的出版

　　打击一个接着一个地来，理想的头颅不断地碰在现实的岩石上。于是，鲁迅感到未尝经验的无聊。他说："凡有一人的主张，得了赞和，是促其前进的，得了反对，是促其奋斗的。"但是，他叫喊于生人之中，而生人并无反应，既非赞同，也无反对，如置身于毫无边际的荒原，使他无可措手。这是怎样的悲哀呀！他于是感到了寂寞。这寂寞又一天一天地长大起来，如大毒蛇，缠住了他的灵魂。同时，这经验也使他进一步认识了中国的社会，对于那些麻木的群众，不是靠一时热烈的呼喊所能奏效的，而应该进行长期的、韧性的战斗。

　　在当时，鲁迅却无法驱除这寂寞，他感到非常痛苦。他想到德国去继续学习，但是没有去成。那时，家中经济很困难，而周作人却要和一个日本女人羽太信子结婚，单靠一点官费无法生活。母亲和周作人都很希望他有经济上的帮助，于是，鲁迅便只好回国谋事。

五　苦闷的岁月

1909 年鲁迅从日本回国后摄于杭州

1909 年 6 月，鲁迅回到了故乡。他回国后所遇到的第一件事，便是"辫子问题"。这辫子是清军入关时，杀了许多人头才裁定的，所以有没有辫子，就不是人体修饰的小事，而是归顺还是反叛的政治态度问题。根据当时的看法，没有辫子便是革命党，而革命党是要被杀头的。所以鲁迅一回国，就和许多留学生一样，只好装一条假辫子。但装了一个多月，很感不便。他觉得如果在路上掉下来或者被人拉下来，不是比原没有辫子更不好看么？于是索性就不装了。但没有辫子走出去时，在路上所受的待遇完全和先前两样了。最好的是呆看，但大抵是冷笑、恶骂。小则说是偷了人家的女人，因为那时捉住奸夫，总是首先剪去他的辫子的；大则指为"里通外国"，并拟为杀头的罪名；有一位本家还想去报官，后来又担心革命党的造反或许会成功，这才作罢。而鲁迅，也就在这样的冷笑、歧视、恶骂和压迫中奋斗着……

　　这年秋天，鲁迅来到了杭州。他应浙江两级师范学堂校长沈钧儒之聘，任该校日本教师的翻译，兼任化学、生理学教员。

　　杭州是有名的游览胜地，西湖更为历代文人骚客赞颂不绝。但鲁迅对这湖光山色却无动于衷。他在杭州一年间，游湖只有一次，还是应老朋友许寿裳之约才去的。什么"平湖秋月""三潭印月"等为人们所流连忘返之地，他只说平平而已；有名的景致"雷峰夕照"，他也说是"并不见佳"。鲁迅着意的还是研究学问，晚上看书直至深夜，是全校最会熬夜的人。星期日，他也喜欢和同事上山采集植物标本，接着做整理、压平、张贴、标名等工作，乐此不疲。

浙江两级师范学堂外景

在教学上，鲁迅很想有所革新。在他教授生理卫生课时，有一次就答应学生的要求，加讲生殖系统。这在当时社会里是不可思议之事，全校师生为之惊讶，他却坦然地去教了，只对学生提出一个条件，就是在他讲的时候，不许笑。结果讲授的情况果然很好。别班的学生，因为没有听到，纷纷向他讨油印讲义。只是他的讲义写得很简略，而且还故意用许多古语来表示，在无文字学素养又未曾亲听过讲课的人看来，好比一部天书。

鲁迅富于正义感，斗争性很强。新任校长夏震武是抚台衙门派来控制这个学堂的顽固派，他提倡忠君，反对革命，在就职的那一天，便和教员们起了冲突。夏震武到校后，要教务长许寿裳陪同"谒圣"，许寿裳拒绝了；接着，夏又大摆其督学架子，对于住堂的教员们，仅仅送了一张名片，并不亲自拜会，却要教员们按当时官场的礼节对他行"庭参"之礼。于是，鲁迅和他的同事们陆续辞职，统统搬出校舍，以示决绝。尽管夏震武还非常顽固，但风潮震动了杭州整个教育界，各校教员纷纷声援，逼得这位"夏木瓜"只好辞职。于是，教员们回校，开了一个别开生面的"木瓜纪念会"以示庆祝。是谓"木瓜之役"。

"木瓜之役"胜利纪念照：浙江两级师范学堂全体教师1910年1月10日摄于杭州湖州会馆。前排右三为鲁迅

次年 7 月，鲁迅辞去浙江两级师范学堂教员职务，回到绍兴。9 月，担任绍兴府中学堂的学监。但这里，情况也很复杂。一方面，学生知道他与徐锡麟、秋瑾烈士有过联系，对他很尊敬，有些人还效仿他剪去辫子，革命文学团体越社则拥护他为领袖；但另一方面，清朝统治者和地方上的顽固派却对他侧目而视，尤其是身为满人的绍兴知府，每到学校来，总喜欢注视鲁迅的头发，不怀好意地和他多说话。此外，校中师生狭隘的地方观念非常严重，明争暗斗。鲁迅觉得此处毫无希望，"希冀既亡，居此何事"。尽管他当时经济非常困难，家中的土地已全部售尽，只靠工资生活，但他还是"决去此校"。

绍兴府中学堂原址

鲁迅在绍兴府中学堂的办公室

1911 年 7 月，鲁迅终于辞去绍兴府中学堂职务。但没有地方可去。他想到一个书店去做编译员，被拒绝了。他搜集一些关于新知识的外文丛书，计划从中选取一些好的翻译出来，到什么书局去出版，但也没有成功。

辛亥革命后的鲁迅

正在这时，辛亥革命爆发了。鲁迅感到很兴奋。绍兴原是革命力量比较强大的地方，杭州光复的消息传来，一些革命派便在城内一个寺内开大会，公推鲁迅做主席。这时，绍兴城里很乱，人心浮动，谣传纷纷，说是有败残清兵要渡江到绍兴来骚扰。于是，鲁迅迅速集合队伍，上街宣传。他们还油印了许多传单在街上散发、张贴，"溥仪逃，奕劻被捕"的消息一下子传开了，人心也渐渐安定下来。接着，绍兴成立了军政府。但这个军政府却是由几个旧乡绅所组成的。什么铁路股东是行政司长、钱店掌柜是军械司长……而"绍兴军政分府"的"府长"，则是原来的知府老爷，真正是换汤不换药的东西。所以鲁迅说它"貌虽如此，内骨子是依旧的"。这使鲁迅感到很失望。青年们也嚷嚷起来，争着要赴省请愿，要求省里派人来。于是，王金发带兵从杭州来了。

王金发原是帮会首领，鲁迅戏称他为"绿林大学"出身，后来加入了光复会，是"草字头"的革命党人。这个人开始时革命态度比较坚决，还在清朝皇帝统治时，他就在光天化日之下，将告密的奸细处决于上海的马路上；杭州光复后，他坚决反对让那个参与谋杀秋瑾的立宪派头目汤寿潜做浙江都督，声言要用炸弹把汤炸死。因此，对于王金发的到来，绍兴人民是热情欢迎的。鲁迅和学生们一起，兴高采烈地到西郭门外迎接王金发的军队，一直等到半夜三更，没有等到。第二天晚上，鲁迅又带了学生去五云门外迎接，终于接到了王金发的军队。那天，绍兴的人民都极兴奋，提灯点火，在路旁密密地站着看，中间只留一条狭狭的路，让队伍过去，大家高喊着"革命胜利"和"中国万岁"等口号，情绪热烈、紧张。

王金发进城后，立即解散了旧乡绅们所拼凑的军政府，另行成立了新的军政府。而且还采取了一些革命措施，公祭先烈，逮捕了杀害秋瑾的谋主章介眉，调集了案卷，要为先烈报仇。但狡猾的敌人却耍了一个"毁家纾难"的把戏，章介眉说愿意把他的十万家产拿出一半"捐献"给军政府，以赎他的罪行，消除"灾难"。而王金发也居然答应了。当时的革命党人还缺乏政治经验，也缺乏革命的彻底性，对于政治上的敌人并不镇压，据说是已经成立民国，大家"咸与维新"，不应再修旧怨了，于是，听任他们活动，让他们逐渐钻到新的权力机构里面来。王金发不久即被许多乡绅、闲汉和新进的革命党所包围，用祖传的老法，捧将起来，大做其王都督。而且，还动手括地皮。他带来的人，原来穿布衣的，不上十天也大概换上皮袍子了，虽然天气还并不冷。这样腐化侵蚀的结果，就是新的政权马上又变质了。

鲁迅在日本时就认识王金发，而且都是光复会的老同志，所以光复之初被任命为师范学校校长。但形势的发展，却使他愈来愈感到失望。越社的成员们决定要办一种报来监督政府，说是要借用鲁迅的名字做发起人。鲁迅答应了，并且为报纸写了《出世辞》。这就是《越铎日报》。"越"，是绍兴的旧称；"铎"，是铃铎之谓。这越中之铃铎，就是要给王金发的军政府敲警钟的。鲁迅在《出世辞》中指出，办报的宗旨是：

绍兴都督王金发，在"二次革命"失败后为袁世凯的走狗所杀。"与有力者"是他所释放的谋杀过秋瑾的谋主。这是王金发被绑赴刑场的照片

"纾自由之言议，尽个人之天权，促共和之进行，尺政治之得失，发社会之蒙复，振勇毅之精神。"

青年人说干就干，五天后就见报。开首便骂军政府和那里面的人员；此后是骂都督，都督的亲戚、同乡、姨太太……这样地骂了十多天，就有一种消息传到鲁迅家里来，说都督因为你们诈取了他的钱，还骂他，要派人用手枪打死你们了。这使鲁迅的母亲很着急，叮嘱他不要再出去。鲁迅认为，王金发虽然"绿林大学"出身，而杀人却不很轻易，况且拿的是校款，这一点他是明白的。所以，鲁迅还是照常出门。王金发果然没有来杀。鲁迅写信再去要经费，又取了二百元。但王金发仿佛有些怒意，同时传令道：再来要，没有了！

不过鲁迅又得到一个新消息，原来所谓"诈取"者，并非指学校经费而言，而是指另有送给报馆的一笔款。报纸上骂了几天之后，王金发便叫人送去了五百元。于是乎那些人便开起会议来，第一个问题是：收不收？决议曰：收。第二个问题是：收了之后骂不骂？决议曰：骂。理由是收钱之后，他是股东；股东不好，自然要骂。鲁迅即刻到报馆去问这事的真假。都是真的。鲁迅略说了几句不该收他钱的话，一个名为会计的便不高兴了，质问道——

"报馆为什么不收股本？"

"这不是股本……"

"不是股本是什么？"

鲁迅不再说下去了。这一点世故他是早知道的，倘再说出连累他们的话来，就会被当面斥为太爱惜不值钱的生命，不肯为社会牺牲，或者明天报上就可以看见他怎样怕死发抖的记载。

学校也无法办下去了。鲁迅到都督府去辞职，自然照准，派来了一个拖鼻涕的接收员。鲁迅交出账目和余款一角又两铜元，不是校长了。后任是孔教会会长傅力臣。

辞去师范学校职务以后，鲁迅曾想到上海去当编辑。他托人向一家大书店介绍，不久书店寄了一页德文来，叫他试译。他正等着书店的回音，这时许寿裳来信催他往南京。原来南京政府刚成立，蔡元培出任教育总长，正在物色人才，许寿裳便向他推荐鲁迅；蔡元培早就知道鲁迅，很佩服他的才学与识见，所以叫许寿裳赶快写信来催。这样，鲁迅就到了南京。

南京的情况也并不比绍兴好些。武昌起义虽然成功了，各省也纷纷响应，宣布独立，但是，实权仍掌握在旧军阀、旧官僚、旧乡绅手里。孙中山回国后，成立了南京临时政府，而袁世凯却手握重兵，在北京清政府与南京临时政府之间讲价钱，做政治投机。革命党人缺乏实力，只好将政权交给袁世凯。孙中山还天真地幻想以约法、议会政治和定都南京来约束袁世凯，于是派蔡元培等人为专使到北京去迎袁世凯南下。老奸巨猾的袁世凯当然不愿来就这个约束，他玩了一个小小的花招——制造了一个所谓的"兵变"，就把孙中山的幻想打得粉碎。袁世凯借口要维持北方秩序，不肯南下。于是，不是个人服从政府，而是政府迁就个人，南京政府只好搬到袁世凯的老巢北京去。袁世凯的第一招既已得逞，接着而来的就是废除约法、解散国会，甚至还把热衷于议会政治、企图组阁的国民党领袖宋教仁刺杀了。等到孙中山有点醒悟过来，已经为时太迟，他发动的二次革命也很快地归于失败。于是，袁世凯称帝、张勋复辟、北洋军阀混战……这些反革命活剧就一幕幕地演个不停。

鲁迅是在 1912 年 5 月随着临时政府迁到北京的，他目睹了这些活剧，每天呼吸着这种乌烟瘴气，苦闷极了。他后来回忆这段时期的心境道："见过辛亥革命，见过二次革命，见过袁世凯称帝，张勋复辟，看来看去，就看得怀疑起来，于是失望，颓唐得很了。"[1]

在清政府学部原址办公的民国北京政府教育部

　　鲁迅来到北京以后，故乡的坏消息也不断地传来。随着全国政权落入旧军阀手中，绍兴的旧势力在蛰伏了一个短时期之后，又都纷纷抬头。杀害秋瑾的谋主章介眉、自由党的头子何几仲、孔教会的会长傅力臣等人，逐渐地窃据要津。他们一上台，当然要压迫革命力量。鲁迅的老朋友范爱农就是被何几仲和傅力臣合谋赶出山会师范学校的。一个革命者在革命之后的绍兴竟无立足之地了！1912 年 7 月 19 日，鲁迅接到家人来信，说范爱农已经掉在水里，淹死了。鲁迅知道，范爱农是浮水的好手，不容易淹死的，这很可能是自杀。晚上，鲁迅独坐在寓

1　　鲁迅：《〈自选集〉自序》,《鲁迅全集》第四卷，第 468 页。

所里，思念着故人，远事近景，一齐涌上心头，觉得十分悲凉。他提笔写下了三首悼诗："风雨飘摇日，余怀范爱农……"

鲁迅在风雨飘摇日所怀念的范爱农

在教育部，鲁迅被任命为社会教育司第二科（后机构调整，该科改为第一科）科长，并任佥事，主管图书馆、博物馆、美术馆、动植物园等事宜。但北洋军阀热衷于夺权篡位，对于教育事业根本不关心。教育部当然也很受冷落，鲁迅第一天到教育部视事，即无事可做，"枯坐终日，极无聊赖"。鲁迅曾支持蔡元培总长的教育改革措施，赞成他将美育列为五项教育方针之一，但蔡元培一辞职，美育即被取消。鲁迅在日记中愤然写道："闻临时教育会议竟删美育。此种豚犬，可怜可怜！"后来，鲁迅又写过一份《拟播布美术意见书》，申述美术对于国民教育之重要意义，并提出种种保护和建设措施。但袁世凯政府哪里会顾到这些事，此种建议当然是石沉大海了。鲁迅当时简直无可作为，于是就沉浸在古籍之中。

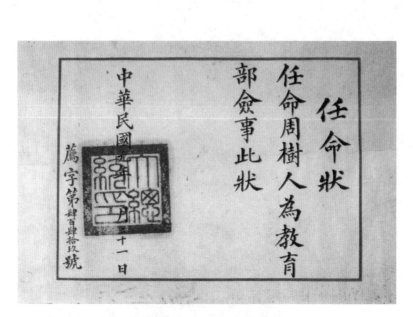

鲁迅被任命为教育部佥事的任命状

鲁迅初到北京时所寄寓的绍兴县馆

这时，鲁迅寄寓在绍兴县馆。开始住藤花馆，因为要避喧嚣，四年后迁入补树书屋。这是县馆里的一个偏僻小院，相传往昔曾在院子里的槐树上缢死过一个女人，现在槐树已经高不可攀了，而这屋还没人住。鲁迅白天到教育部办公，晚上就回到这里读古书、抄古碑、看佛经……

鲁迅自述他读古书、抄古碑的目的是驱除寂寞，"麻醉自己的灵魂"，但这也并非完全消极的举动。因为，翻阅史书，就可以"知道我们现在的情形，和那时的何其神似，而现在的昏妄举动，胡涂思想，那时也早已有过，并且都闹糟了"[1]。正是通过对历史的研究，鲁迅对于现状有了更深刻的了解，而且更加感到中国非改革不可。这段时期，无论是中国社会，还是鲁迅个人，都进入了一个沉闷的阶段。

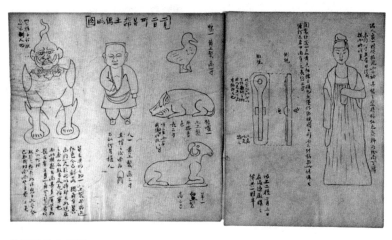

鲁迅手绘土偶图

1　鲁迅：《这个与那个》，《鲁迅全集》第三卷，第149页。

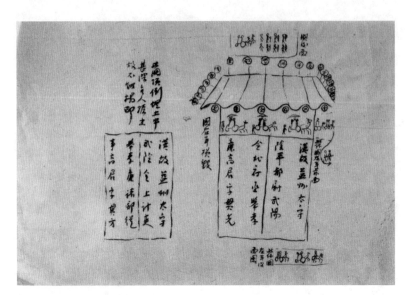

鲁迅手绘《汉墓石阙图》

六　对于『德赛先生』的呼唤

1918 年的鲁迅

但这沉闷，并没有走向死灭，而是酝酿着新的变革。

中国近代的历史变革，大致可以分为三个阶段：19 世纪 60 年代开始的器物革命，19 世纪末期开始的体制革命，20 世纪 10 年代开始的文化革命。这场文化革命，是在前两场革命失败之后才兴起的，它以 1915 年《青年杂志》（后改名为《新青年》）的创办为起点，但要到 1917 年该杂志提倡文学革命之后，才有了较大的声势。

中国的新文化运动，以"民主"与"科学"为自己的旗帜，以"打倒孔家店"为战斗口号。这是对于当时中国旧政治和旧思想的一个反拨、抗争和批判。提倡民主，是为了反对专制制度；提倡科学，是为了反对迷信思想；而提出"打倒孔家店"的口号，则是针对长期为帝王统治制度服务的旧意识形态而发，特别因袁世凯利用孔子学说来恢复帝制而更加激化了新旧意识形态的矛盾。正如鲁迅所说："从二十世纪的开始以来，孔夫子的运气是很坏的，但到袁世凯时代，却又被从新记得，不但恢复了祭典，还新做了古怪的祭服，使奉祀的人们穿起来。跟着这事而出现的便是帝制。然而那一道门终于没有敲开，袁氏在门外死掉了。余剩的是北洋军阀，当觉得渐近末路时，也用它

《新青年》杂志的出版，标志着中国新文化运动的开始

陈独秀：《新青年》杂志的创办者，新文化运动的倡导者

来敲过另外的幸福之门。"经过民主革命思想熏陶的新一代知识分子，对于这种尊孔复辟的把戏，自然感到讨厌和愤怒，"既已厌恶和尚，恨及袈裟，而孔夫子之被利用为或一目的的器具，也从新看得格外清楚起来，于是要打倒他的欲望，也就越加旺盛。所以把孔子装饰得十分尊严时，就一定有找他缺点的论文和作品出现。"[1]

《新青年》所提出来的这些口号，与鲁迅早年的文化思想相吻合，他当然是赞成的。但经历过早年文化工作的失败之后，鲁迅对于国人的麻木精神深有认识，已经没有什么热情再来从事文化运动了。然而这时，正在参与编辑《新青年》的老同学钱玄同来访，要他放下古碑钞本，做点文章，出马助阵。鲁迅知道他们也正经历着相应的寂寞，很同情他们的处境，但是说：

1　鲁迅：《在现代中国的孔夫子》,《鲁迅全集》第六卷，第328—329页。

假如一间铁屋子，是绝无窗户而万难破毁的，里面有许多熟睡的人们，不久都要闷死了，然而是从昏睡入死灭，并不感到就死的悲哀。现在你大嚷起来，惊起了较为清醒的几个人，使这不幸的少数者来受无可挽救的临终的苦楚，你倒以为对得起他们么？

钱玄同回应道：然而几个人既然起来，你不能说绝没有毁坏这铁屋的希望。

钱玄同：鼓动鲁迅为《新青年》写稿的新文化运动急先锋

鲁迅觉得他说的也有道理，终于答应了。最初的一篇是《狂人日记》。从此以后，便一发而不可收，他以小说和杂文为主要武器，开始了新的战斗历程。

绍兴县馆内的补树书屋：鲁迅为避喧嚣而迁入，但在这里却开始
了惊天动地的呐喊

　　《狂人日记》写于 1918 年 4 月，发表在《新青年》第四卷
第五期上。这篇作品运用象征手法，通过一个"迫害狂"患者
的思想活动，深刻地揭露了家族制度和礼教的弊害。作品一针
见血地指出："凡事总须研究，才会明白……我翻开历史一查，
这历史没有年代，歪歪斜斜的每叶上都写着'仁义道德'几个
字。我横竖睡不着，仔细看了半夜，才从字缝里看出字来，满
本都写着两个字是'吃人'！"

　　礼教吃人，这个思想是鲁迅对于历史和现实进行长期观察
和研究的结果。同年 8 月 20 日，鲁迅致许寿裳信中，在介绍
"《狂人日记》实为拙作"时说："前曾言中国根柢全在道教，此
说近颇广行。以此读史，有多种问题可以迎刃而解。后以偶阅
《通鉴》，乃悟中国人尚是食人民族，因成此篇。此种发现，关
系亦甚大，而知者尚寥寥也。"《狂人日记》的发表，在当时的
思想界产生了广泛的影响，在中国文学史上起到了划时代的作

用。正如鲁迅自己所说,《狂人日记》等作品的出现,"算是显示了'文学革命'的实绩,又因那时的认为'表现的深切和格式的特别',颇激动了一部分青年读者的心"[1]。

继《狂人日记》之后,鲁迅从多方面对封建伦理道德进行了批判。

首先是对夫权思想的批判。自从母系社会解体,人类进入父系社会之后,妇女的权利就日益缩小,地位日趋低下。而中国专制制度下

从《狂人日记》开始,鲁迅便一发而不可收地投入了战斗

的伦理道德,则明确规定"夫为妻纲",在夫妻之间确立了统治与被统治的关系。更加荒谬的是,女子死了丈夫,要守着,或者死掉;遇了强暴,便自戕。这就叫作节妇烈女,加以旌表。这种残暴的道德,其不合理性是极其明显的,但到了民国初年,却还有人呈请旌表节烈,这是多么令人愤慨的事啊。1918 年 7月,鲁迅写了《我之节烈观》,层层批驳了节烈观念的荒谬和悖理,并且对它进行了历史的考察,指出在国力强盛的时候倒并没有鼓吹节烈,而到"国将不国"的时候,就大肆鼓吹了。因为女子既为男子所有,不愿为人所占,所以一旦将要被征服的时候,没有力量保护,只好别出心裁,鼓吹女人自杀。鲁迅谴责这种卑劣心理、畸形道德,要求"除去虚伪的脸谱","除去于人生毫无意义的苦痛","除去世上害己害人的昏迷和强暴",

---

1　鲁迅:《〈中国新文学大系〉小说二集序》,《鲁迅全集》第六卷,第246 页。

"要人类都受正当的幸福"。

其次，是对父权思想的批判。家族制度是中国社会结构的根本，所以圣人之徒最恨别人动摇他的伦常，动不动就给人加上"铲伦常""禽兽行"之类的恶名。1918 年，鲁迅发表了《随感录》二十五、四十、四十九，探讨家族制度的改革问题；1919 年 10 月，他又写了长篇论文《我们现在怎样做父亲》，对于父权思想做了全面

《热风》：鲁迅的第一本杂文集，大部分为《新青年·随感录》专栏而作，1925 年 11 月结集出版

的批判。中国的家族制度是以长者为本位的，所以把父母的养育子女看成无上之恩，竭力劝孝，甚至不准子女超越自己，所谓"三年无改于父之道可谓孝矣"。鲁迅指出，这"是曲说，是退婴的病根"。他认为，生物要发展进化，父子的关系就应该将长者本位与私己思想改作幼者本位的道德。他反对一味说恩，而强调"无我之爱"。因为生育无非是生物延续生命的需要，教养则是做父母的责任，都无恩可言。"独有'爱'是真的"，所以觉醒的人，应"用无我的爱，自己牺牲于后起新人"。鲁迅号召人们一面消结旧账，一面开辟新路——"自己背着因袭的重担，肩住了黑暗的闸门，放他们到宽阔光明的地方去；此后幸福的度日，合理的做人。"

此外，鲁迅对于鬼神学说的批判，对于科学思想的宣传，也做了很多工作。而且主张在宣传科学思想时要有针对性，"最好是无论如何总要对于中国的老病刺他几针"。他在致傅斯年的

信中说："现在偏要发议论，而且讲科学，讲科学而仍发议论，庶几乎他们依然不得安稳，我们也可告无罪于天下了。"

父权、夫权，都是专制主义的精神支柱。鲁迅正是抓住了这些根本问题，运用文艺的形式，对其展开猛烈的批判。

"五四"时期的思想革命是与文学革命相联系的。"五四"以前的文学界，占优势的主要是桐城派古文和"文选"派骈文。这两派，或则崇尚《左传》、《史记》、唐宋八大家，或则以《昭明文选》为范本，但都以古代的语言和文体来"代圣贤立言"。胡适提出的文学改良"八不主义"，如不用典、不讲对仗、不模仿古人、务去滥调套语等，陈独秀的文学革命"三大旗帜"，如推倒雕琢的阿谀的贵族文学、推倒陈腐的铺张的古典文学等，都是针对上述情况而发。钱玄同则干脆直接提出了打倒"桐城谬种""选学妖孽"的口号。

新文学运动的兴起，古文阵营中的人们当然非常反感，他们经过一段时期的沉默之后，一齐出场加以攻击。黄侃编辑了《国故》杂志，刘师培被推为《国粹丛编》头目，专门用来对付《新青年》；林琴南则写了两篇影射小说：《荆生》和《妖梦》，梦想通过"伟丈夫"来痛打改革者，或者让鬼王来把他们吞食，并且在《公言报》上发表《致蔡鹤卿太史书》，拟了"复孔孟，铲伦常"的罪名，对新文化运动大兴问罪之师。

蔡元培（鹤卿）是个自由主义教育家，当时任北京大学校长。对于这个旧日的京师大学堂，他做了一番认真的改革，打击了那种官场恶习，发扬了学术风气。蔡元培的办校方针是："对于各家学说，依各国大学通例，循思想自由原则，兼容并包。"这个方针为新文化大开方便之门，所以北京大学当时成了新文化运动的大本营。他在给林琴南的复信中，坚决否定了他

蔡元培：伟大的教育家，他在北京大
学的办学方针，开启了一代新学风

北京大学第一院

的指责。而陈独秀在《本志罪案之答辩书》里，则干脆承认旧
文化阵营对于《新青年》杂志的种种非难，如破坏孔教、破坏礼
法、破坏国粹、破坏贞节、破坏旧伦理（忠孝节）、破坏旧艺术
（中国戏）、破坏旧宗教（鬼神）、破坏旧文学、破坏旧政治（特
权人治）这几条，但认为追本溯源，"本志同人本来无罪，只因
为拥护那德莫克拉西（Democracy）和赛因斯（Science）两位先
生，才犯了这几条滔天大罪。要拥护那德先生又要拥护赛先生，
便不得不反对国粹和旧文学"。所以叫他们有本事就去反对德、
赛两先生，才是好汉，不用专门来非难本志。陈独秀在这里，点
出了这场争论的实质，是赞成还是反对德、赛两先生的问题。

　　鲁迅虽然出阵略迟，但斗争精神却十分坚定。在复古派的
进攻面前，进行了英勇的还击。对于刘师培，鲁迅并不陌生。
还在东京留学时，鲁迅就知道他投靠清朝大臣端方、出卖革命
的勾当。此人出来主编《国粹丛编》，作用何在，是可想而知
的。鲁迅在 1918 年 7 月 5 日致钱玄同的信中说："中国国粹，

虽然等于放屁，而一群坏种，要刊丛编，却也毫不足怪。该坏种等，不过还想吃人，而竟奉卖过人肉的侦心探龙做祭酒，大有自觉之意。即此一层，已足令敝人刮目相看，而猗欤羞哉，尚在其次也。"对于这班老小昏虫的倒行逆施，鲁迅极为愤慨，他说："然既将刊之，则听其刊之，且看其刊之，看其如何国法，如何粹法，如何发昏，如何放屁，如何做梦，如何探龙，亦一大快事也。"

什么叫"国粹"？就是一国独有，他国所无的事物，也就是特别的东西。然而特别的东西并不一定就是好东西。鲁迅打了一个比方：譬如一个人，脸上长了一个瘤，额上肿出一颗疮，的确是与众不同，显出他特别的样子，可以算他的"粹"。但这"粹"，还不如割去了，同别人一样的好。中国人就是因为"国粹"太多，太特别，所以难与种种人协同生长，闹得很糟，几乎要从"世界人"中挤出。现在有些人要保存"国粹"，鲁迅则认为第一要义是保存我们，"只要问他有无保存我们的力量，不管他是否国粹"[1]。鲁迅号召"中国青年都摆脱冷气，只是向上走，不必听自暴自弃者流的话。能做事的做事，能发声的发声。有一分热，发一分光"。在前进的途程中，也不必理会那些冷笑和暗箭，"几粒石子，任他们暗地里掷来；几滴秽水，任他们从背后泼来就是了"[2]。

这时，鲁迅的思想"毫不悲观"。他认定生命的路是进步的，总是沿着无限的精神三角形的斜面向上走，什么都阻止他不得。无论什么黑暗来防范思潮，什么悲惨来袭击社会，什么

1　鲁迅：《随感录·三十五》，《鲁迅全集》第一卷，第322页。
2　鲁迅：《随感录·四十一》，《鲁迅全集》第一卷，第341—342页。

罪恶来亵渎人道，人类总是踏了这些铁蒺藜向前进。鲁迅说："生命不怕死，在死的面前笑着跳着，跨过了灭亡的人们向前进。""什么是路？就是从没路的地方践踏出来的，从只有荆棘的地方开辟出来的。"[1]

鲁迅走在文化新军的前面，披荆斩棘，排除万难，闯出了一条崭新的道路。

1　鲁迅：《随感录·六十六·生命的路》,《鲁迅全集》第一卷，第386页。

七 开出一片崭新的文场

1923 年的鲁迅

鲁迅不但参与了文化思想的革命，而且以其文学主张和创作实践，为中国开辟了一条崭新的文学道路：敢于直面惨淡人生，敢于正视淋漓鲜血的现实主义之路。他将过去那种不敢正视现实的诗文，称为"瞒和骗"的文艺，彻底加以否定，而要求"我们的作家取下假面，真诚地，深入地，大胆地看取人生并且写出他的血和肉来"[1]。他声明自己的作品是"为人生"，"而且要改良这人生"。正是从这一目的出发，"所以我的取材，多采自病态社会的不幸的人们中，意思是在揭出病苦，引起疗救的注意"[2]。

　　但鲁迅的作品，并不停留在描写下层民众物质生活困苦的层面，而着重在揭露他们精神上所受的创伤。于是，在《孔乙己》里，我们看到社会众生对于苦人的凉薄；在《药》里，我们看到革命者为民众利益而牺牲，却不为民众所理解的悲哀；《明天》，围绕着单四嫂子的丧子事件，是一片冷漠的气氛和幸灾乐祸的态度；《头发的故事》里，引起 N 先生感慨的，是民众

1　　鲁迅：《论睁了眼看》，《鲁迅全集》第一卷，第 255 页。
2　　鲁迅：《我怎么做起小说来》，《鲁迅全集》第四卷，第 526 页。

对于革命者和革命纪念日的漠然态度——"他们忘却了纪念，纪念也忘却了他们"；《风波》所写的皇帝复辟的闹剧在乡村里的反映，只在于一条辫子的有无；而《故乡》，则通过"我"与闰土两次见面的情景，写出一个农民从活泼到麻木的性格变化，并揭示了造成这种变化的原因："多子，饥荒，苛税，兵，匪，官，绅，都苦得他像一个木偶人了。"

对于精神奴役的创伤，揭露得最深刻的，则是《阿Q正传》。这也是鲁迅改造国民性思想的集中反映。他要通过阿Q形象，"写出一个现代的我们国人的魂灵来"。

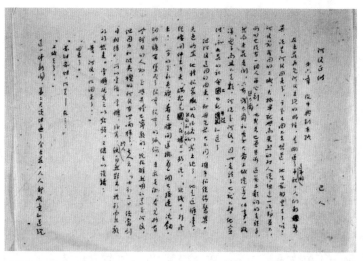

《阿Q正传》手稿

《阿Q正传》的写作，表面上看来很匆忙，是一章一章被编辑催逼出来的，连载在《晨报副刊》上。但其实，这篇作品酝酿的时间很长。作者自己就说："阿Q的影象，在我心目中似乎确已有了好几年。"追溯起来，1906年那张促使鲁迅弃医从文的画片，就有着阿Q似的麻木的精神状态；从《药》到《故乡》

的小说创作，又通过一系列艺术形象，从各个方面描写出这种麻木的精神；而许多杂文，则深入地探讨了造成这种麻木状态的原因。这一切，都给《阿Q正传》的创作做了充分的准备。

阿Q是一个农村流浪汉，他无家无室，"住在未庄的土谷祠里；也没有固定的职业，只给人家做短工，割麦便割麦，舂米便舂米，撑船便撑船"，处于农村的底层。他不但被剥夺了生产资料，连姓氏也不许有。有一回，他宣布自己姓赵，却因此挨了赵太爷的巴掌。"阿Q，你这浑小子！你说我是你的本家么？""你怎么会姓赵！——你那里配姓赵！"他之所以能生存下来，只是因为他"真能做"。

但作品的重点显然不在描写阿Q物质生活的贫困，而是揭示他精神上的麻木状态。他不肯正视现实中的屈辱地位，只求在精神上取得自我安慰——这就是阿Q的精神胜利法。

阿Q生活很贫苦，却要说："我们先前——比你阔的多啦！你算是什么东西！"他被人揪住黄辫子碰响头，却说："我总算被儿子打了，现在的世界真不像样……"当别人硬要他承认这不是儿子打老子，是人打畜生时，他只好承认，但又觉得他是第一个能够自轻自贱的人，"除了'自轻自贱'不算外，余下的就是'第一个'，状元不也是'第一个'么？'你算是什么东西'呢！？"

阿Q不但自高自大、自轻自贱，还欺软怕硬。他很看不起王胡，在比赛捉虱子失败时，"抢进去就是一拳"，而打架失利后，又说是"君子动口不动手"；他看不惯没有辫子的假洋鬼子，禁不住要骂一声"秃儿。驴……"，但挨了假洋鬼子的哭丧棒后，却去欺侮比他更弱小的小尼姑；在闹过恋爱的悲剧，弄得没有人肯叫他做短工时，他迁怒于同是打工者的小D，终于演出了一场"龙虎斗"……

虽然由于传统观念的影响，阿Q对革命"一向是'深恶而痛绝之'的"，但一看到革命能使那"百里闻名的举人老爷有这样怕，于是他未免也有些'神往'了"。他要投奔革命党，但假洋鬼子却不准他革命。而阿Q的所谓革命，其实只是在脑子里幻想一番而已，就被作为抢劫犯而抓去枪毙掉了。可怜直到临死，他还没有弄清是怎么一回事，只是觉得在画花押时，圆圈画得不圆，是他行状上的最大污点。"但不多时也就释然了，他想：孙子才画得很圆的圆圈呢。于是他睡着了。"阿Q是临死也没有觉醒！

对于阿Q的走向革命，很有些人表示怀疑。郑西谛就曾批评道："像阿Q那样的一个人，终于要做起革命党来，终于受到那样大团圆的结局，似乎连作者他自己在最初写作时也是料不到的。至少在人格上似乎是两个。"然而鲁迅却回答道："据我的意思，中国倘不革命，阿Q便不做，既然革命，就会做的。我的阿Q的运命，也只能如此，人格也恐怕并不是两个。民国元年已经过去，无可追踪了，但此后倘再有改革，我相信还会有阿Q似的革命党出现。我也很愿意如人们所说，我只写出了现在以前的或一时期，但我还恐怕我所看见的并非现代的前身，而是其后，或者竟是二三十年之后。"[1]

那么，什么是"阿Q似的革命党"呢？我们只要看看阿Q对于革命的幻想，就可明白：

造反？有趣，……来了一阵白盔白甲的革命党，都拿着板

1 　鲁迅：《〈阿Q正传〉的成因》,《鲁迅全集》第三卷，第397页。

刀，钢鞭，炸弹，洋炮，三尖两刃刀，钩镰枪，走过土谷祠，叫道，"阿Q！同去同去！"于是一同去。……

这时未庄的一伙鸟男女才好笑哩，跪下叫道，"阿Q，饶命！"谁听他！第一个该死的是小D和赵太爷，还有秀才，还有假洋鬼子，……留几条么？王胡本来还可留，但也不要了。……

东西，……直走进去打开箱子来：元宝，洋钱，洋纱衫，……秀才娘子的一张宁式床先搬到土谷祠，此外便摆了钱家的桌椅，——或者也就用赵家的罢。自己是不动手的了，叫小D来搬，要搬得快，搬得不快打嘴巴。……

赵司晨的妹子真丑。邹七嫂的女儿过几年再说。假洋鬼子的老婆会和没有辫子的男人睡觉，吓，不是好东西！秀才的老婆是眼胞上有疤的。……吴妈长久不见了，不知道在那里，——可惜脚太大。

阿Q没有想得十分停当，已经发了鼾声，四两烛还只点去了一小半，红焰焰的光照着他张开的嘴。

原来阿Q心目中的革命，就是对于财富和女人的占有，对于对立者和看不顺眼的人任意杀戮。他们并无别的更高的理想，社会也就不能真有所进步。

这样看来，鲁迅所看到的，何止于二三十年之后，而阿Q时代也并不如"革命文学家"所断言的已经死去。

这是鲁迅眼光锐利之处，也是现实主义艺术的深刻之处！

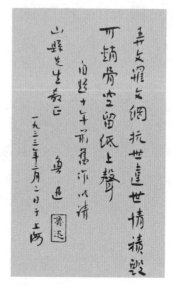

《呐喊》：鲁迅第一本小说集，收 1918—1922 年所作小说十五篇，1923 年 8 月出版

鲁迅自题《呐喊》诗，写在 1933 年 3 月 2 日赠日本友人山县初男的《呐喊》扉页上

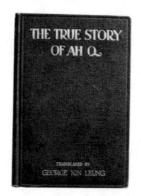

《阿 Q 正传》的几种外文译本

八　荷戟独彷徨

八道湾十一号内鲁迅所住房间,《阿Q正传》等作品写作
于此

新文化运动打开了思想的闸门，各种思潮蜂拥而至。它们都打着新的旗号，宣扬着新的主张，使人应接不暇，一时难以分辨抉择。马克思的共产主义、克鲁泡特金的无政府主义、托尔斯泰的泛劳动主义和武者小路实笃的新村主义，都吸引着人们的兴趣。这些思潮之所以能够产生影响，主要是因为它们对于中国的传统思想有着批判作用，在要求社会改造上有一定号召力，虽然它们的实际内容有很大的不同。而当问题向前推进一步，涉及如何改造社会，中国向何处去时，严重的分歧产生了。这样，就造成了思想界新的分化和斗争。

在这新的形势面前，有些人转向政治斗争，有些人重新钻进故纸堆里去，而鲁迅，则坚持文化革命精神，持续不懈地对旧社会旧文化进行坚决彻底的批判。

在"五四运动"高潮中，鲁迅发表了《"来了"》和《"圣武"》两篇随感录。论者往往把它们看作对俄国十月革命和布尔什维主义的赞扬，其实，作者是借俄国革命来批判中国人的缺乏信仰。他认为，我们中国本不是发生新主义的地方，也没有容纳新主义的处所，即使偶然有些外来思想，也立刻变了颜色。历史上的改朝换代，也并非因为什么主义，而只是像刘邦所说

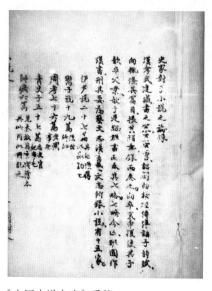

《中国小说史略》手稿

的"大丈夫当如此也！"或如项羽所说："彼可取而代也！"这些大小丈夫的最高理想是威福、子女、玉帛，再加上祈求长生不老。这样，在中国，可怕的并不是什么主义来了，而是"来了"来了，火从北来便逃向南，刀从前来便退向后，永远来个没完。所以鲁迅赞扬的是俄国那样有主义有信仰的人民，而不是主义本身。

"他们因为所信的主义，牺牲了别的一切，用骨肉碰钝了锋刃，血液浇灭了烟焰。在刀光火色衰微中，看出一种薄明的天色，便是新世纪的曙光。"

鲁迅对中国问题的这种看法，有其独到的深刻之处，但也正因为他看到了这一层，所以在思想上产生了巨大的苦闷。而鲁迅是执着于现实斗争的，所以尽管苦闷，而仍不懈地战斗。他号召青年不要自囚在什么研究室或艺术之宫里，要敢于掷去学者文人之类的尊号，"摇身一变，化为泼皮，相骂相打……，则世风就会日上"[1]。

从1920年8月起，鲁迅陆续受聘于北京大学、北京师范大学、北京女子师范大学、世界语专门学校、集成国际语言学校、黎明中学、大中公学、中国大学，为青年学生讲课，深受

1　鲁迅：《通讯》，《鲁迅全集》第三卷，第27页。

欢迎。鲁迅主要讲授"中国小说史",自己编著讲义,有时也讲文艺理论课,则以所译日本厨川白村的《苦闷的象征》为教材。据他的学生回忆:每逢鲁迅上课,校外就有许多人来旁听,照例最大的教室要两个座位坐三个人,整个教室挤得满满的。鲁迅讲课,并不是照本宣科,而是就讲义上的论点加以发挥。由于鲁迅知识渊博,对历史和人生有着透辟的见解,所以在他对

《中国小说史略》各种讲义本

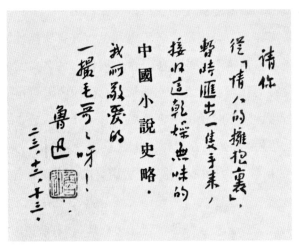

鲁迅赠川岛《中国小说史略》扉页题词

于中国小说史的娓娓讲述里，学生们仿佛听到了全人类灵魂的历史，在眼前显示出了美与丑，善与恶，真实与虚伪，光明与黑暗，过去、现在和未来……他要与青年们共同追求一条通向未来的道路。

鲁迅为北京大学设计的校徽

家庭生活是社会生活的一个组成部分。"五四"以后思想界的分化，也反映到鲁迅的家庭里来了。

鲁迅一家，兄弟三人。鲁迅是长子，下面还有二弟作人、三弟建人。鲁迅对于兄弟，一向感情很深。从青年时代在南京求学时所写的《别诸弟》诗中，就可以看出这种深情。二弟周作人，比鲁迅只小三岁多，二人相处时间尤长。鲁迅到南京读书，三年之后，周作人也来南京，考入江南水师学堂。鲁迅引导他看新书报，介绍他读《天演论》。鲁迅到日本之后四年，周作人也到日本留学。他们一起筹备《新生》杂志，共同翻译《域外小说集》。鲁迅提早回国谋事，原因之一，就是为了在经济上接济周作人。鲁迅不求名不谋利，富有自我牺牲精神。在文艺学术上，他将自己的一些著作用周作人的名义发表；经济上，即使在周作人回国之后，他仍以自己的收入负担全家的绝大部分费用，还不时接济东京的羽太家（周作人老婆的娘家）。1917 年，经鲁迅介绍，周作人至北京大学任教，次年开始为《新青年》撰稿。1919 年，他们卖去绍兴旧居，在北京买下八道湾十一号新居，整修之后，鲁迅又亲赴绍兴接来母亲及全家老少，将生活安顿下来。鲁迅希望兄弟协作，共同为中国的新文化贡献力量。

周氏兄弟曾协作从事新文化运动。《现代小说译丛》（第一集）是鲁迅、周作人、周建人三兄弟合译的作品；《现代日本小说集》是鲁迅与周作人合译的作品，均署周作人名

1923 年 4 月 15 日鲁迅等送别俄国作家爱罗先珂的合影。前排左起：周作人、鲁迅、爱罗先珂

然而，事与愿违。兄弟二人逐渐产生了分歧，终于走上了决裂的道路。

鲁迅和周作人在中国现代知识分子中代表了两条不同的人生道路，一个成为民族解放的斗士，一个沦为日本侵略者羽翼下的汉奸。但这是后来的事，在"五四"时期，两人的思想虽然有所不同，却毕竟是属于同一营垒中的战士。他们的决裂，主要是出于生活上的原因。两位当事人的记载都很简略。鲁迅在1923年7月14日的日记中写道："是夜始改在自室吃饭，自具一肴，此可记也。"7月19日的日记中写道："上午启孟自持信来，后邀欲问之，不至。"而周作人那封信，则写的是："我昨日才知道，——但过去的事不必再说了。我不是基督徒，却幸而尚能担受得起，也不想责难，——大家都是可怜的人间。我以前的蔷薇的梦原来都是虚幻，现在所见的或者才是真的人生。我想订正我的思想，重新入新的生活。以后请不要再到后边院子里来，没有别的话。愿你心安，自重。"这封信的抬头是"鲁迅先生"，而不是"大哥"，可见其决绝。据考据家们说，这隐隐约约的话，是指责鲁迅对周作人的老婆有非礼之举，而具体说法又有所不同。有说是他在窗外偷窥信子洗澡的，有说是夜闯内室的。辩解者则说，信子房间窗外是带刺的花丛，根本无法靠近，而有一次夜闯内宅，是因为周作人养病要用钱，而刚好收到一笔稿费，所以送进去。我们且听听周氏兄弟的老友、深知他们为人的许寿裳的意见吧。许寿裳并不相信那种流言，他在《亡友鲁迅印象记》里说："作人的妻羽太信子是有歇斯底里症的。他对于鲁迅，外貌恭顺，内怀忮忌。作人则心地糊涂，轻听妇人之言，不加体察。我虽竭力解释开导，竟无效果。致鲁迅不得已移居外客厅而他总不觉悟；鲁迅遣工役传言来谈，他又不出来；于是鲁迅又搬出而至砖塔胡同了。从此两人不和，成为参商，一变从前'兄弟怡怡'的情态。"这是知情之论。

周家在八道湾定居之后，由周作人的老婆羽太信子当家。鲁迅的薪水全部交给信子。那时，鲁迅和周作人二人的薪水共有六百元，数目并不算少，但信子却挥霍乱用，吃的、用的、玩的，从腌萝卜到玩具都要到日本商店去买一大批，大小毛病都要请日本医生来，钱不够用了就要鲁迅去借债。有时，鲁迅借到钱连忙持回家，就看见医生的汽车从家里开出来了。他想："我用黄包车运来，怎敌得过用汽车带走的呢？"这样的情况当然不能持久。开始，鲁迅有钱可供挥霍，还可勉强维持；后来，教育部经常欠薪，往往到第二年某月才能领到头年某月工资的几成，此时信子就非排挤鲁迅不可了。

鲁迅是在8月2日搬出八道湾，租居砖塔胡同的。因为气愤，少年时所得的肺病发作了。从9月24日病倒，到11月8日"始废粥进饭"，历时四十五天。在生病期间，鲁迅仍坚持讲课，坚持写作，并修订了《中国小说史略》。鲁迅的母亲本来还住在八道湾，后来病倒，周作人也不给医治，母亲只好跑来找鲁迅同去看医生，病好才回去。周作人家有厨子，但老母亲的饭要自己烧，她又哭着回鲁迅的住处。为了安排母亲的生活，鲁迅抱病到处看房子，终于买定阜成门内西三条胡同二十一号旧屋六间。这时，鲁迅的收入都已被周作人夫妇盘剥无余，买房子的八百元，还是向老朋友许寿裳和齐寿山二人借来的。此屋已破败不堪，经过翻修，鲁迅于1924年5月25日迁入。

1923 年 8 月，鲁迅与周作人决裂之后，租居西四砖塔胡同六十一号

1924 年 5 月 25 日，鲁迅迁入阜成门内西三条胡同二十一号

西三条宅是一所三开间四合院的房子，比起八道湾的房子来，要狭小得多了。但离开周作人一家，生活比较自在，经济上才能够有点预算。鲁迅在当中一间的后面搭出一间平顶的灰棚，作为自己的卧室兼工作室。这种房子造价最便宜，在北京叫"老虎尾巴"。房间很小，后墙上全是玻璃窗，就像《秋夜》中所描写的那样，可以看见奇怪而高的天空，可以看见后园墙外的两株枣树。房中陈设很简单，只有床铺、网篮、衣箱、书桌这几样东西。床是木板床，被是多少年没有换的老棉絮。鲁迅说："生活太安逸了，工作就要被生活所累了。"他就是这样长期过着艰苦的生活。侧壁上挂了一副对联，是鲁迅自己集《离骚》的诗句，请乔大壮写的："望崦嵫而勿迫，恐鹈鴂之先鸣。"表示了自己求索道路的迫切心情。书桌对面，挂了一张他在日本仙台医专读书时的老师藤野先生的照片。他在《藤野先生》文中说："每当夜间疲倦，正想偷懒时，仰面在灯光中瞥见他黑瘦的面貌，似乎正要说出抑扬顿挫的话来，便使我忽又良心发现，而且增加勇气了，于是点上一支烟，再继续写些为'正人君子'之流所深恶痛疾的文字。"就在这间"绿林书屋"里，鲁迅写了大量与旧势力进行斗争的文章。

"老虎尾巴"：鲁迅在西三条的卧室兼书房

　　搬好家后，鲁迅到八道湾去取书籍什器。刚进西厢房，周作人和信子突然跑出来骂詈，被鲁迅驳得理屈词穷，周作人竟拿起一尺高的狮形铜香炉向鲁迅头上打去，幸亏别人接住，拉开，这才不致打中。后来周作人又用电话把妻舅重久及另几个朋友召来，也被鲁迅斥退，这才取出一部分书物。而还有许多书物，比如，许寿裳所赠之《越缦堂日记》，鲁迅为了作《越中专录》而"以十余年之勤"搜集起来的古砖及拓片，大都被周作人所吞没了。鲁迅在《俟堂专文杂集·题记》中愤怒地写道："迁徙以后，忽遭寇劫，孑身逭遁，止携大同十一年者一枚出，余悉委盗窟中。"鲁迅把周作人的行为比作强盗，他后来又用过一个笔名，叫宴之敖者，意谓被家里的日本女人逐出的人，可见其激愤之情。

鲁迅早期译作

这年暑假，鲁迅应邀赴西安讲学。他除了去传播新文化之外，还想为创作历史小说或历史剧《杨贵妃》收集材料，进行实地调查。但到那里一看，想不到连天空都不像唐朝的天空，原来用想象描绘出的计划完全被打破了。这部作品结果就没有写。

新文化阵营的分裂，给鲁迅带来了很大的苦闷。他日后追述这时的心情说："后来《新青年》的团体散掉了，有的高升，有的退隐，有的前进，我又经验了一回同一战阵中的伙伴还是会这么变化，并且落得一个'作家'的头衔，依然在沙漠中走来走去，不过已经逃不出在散漫的刊物上做文字，叫做随便谈谈。有了小感触，就写些短文，夸大点说，就是散文诗，以后印成一本，谓之《野草》。得到较整齐的材料，则还是做短篇小说，只因为成了游勇，布不成阵了，所以技术虽然比先前好一些，思路也似乎较无拘束，而战斗的意气却冷得不少。新的战友在那里呢？我想，这是很不好的。于是集印了这时期的十一篇作品，谓之《彷徨》，愿以后不再这模样。"[1]

1　鲁迅：《〈自选集〉自序》，《鲁迅全集》第四卷，第469页。

九　吾将上下而求索

1925 年的鲁迅

鲁迅这段时期的彷徨，并非消沉，更非后退，而是在苦闷中寻求新的道路。"路漫漫其修远兮，吾将上下而求索。"鲁迅将屈原的诗句题在《彷徨》的扉页上，表明了自己的心情。

　　在《彷徨》和《野草》这两个集子里，我们可以看到鲁迅这种求索的历程。

　　《彷徨》写于1924年初到1925年底。开首一篇《祝福》，描写了一个农村妇女的悲惨命运。祥林嫂在死了丈夫之后，逃出来做佣工，然而不久，婆婆就带人来把她抢回去，以八十千大钱卖到别人所不肯去的深山野坳里去了。接着又遭遇到新的厄运：她再次丧夫，而且失子，"大伯来收屋，又赶她"，使她走投无路，只好再来投奔原来的主人家。为什么婆婆可以抢她卖她，大伯可以收她的住屋呢？这都是夫权思想作怪。因为根据这种伦理观念，她的财物，连同她的人身，都归夫家所有。所以祥林嫂的被卖被赶，也就被认为是合理的了。

　　鲁镇的男女们也曾为她悲惨的故事所吸引，但他们多半还是为自己"赏鉴"上的满足，而不是对不幸者真心的关切。所以，当"她的悲哀经大家咀嚼赏鉴了许多天，早已成为渣滓"的时候，她就"只值得烦厌和唾弃"了。祥林嫂所能看到的，只是"又冷又尖""似笑非笑"的面容。祥林嫂这一系列遭遇是够悲惨的了，然而，从礼教的观点看来，她却是不值得同情的。鲁四老爷这个"讲理学的老监生"就告诫家人道："这种人虽然似乎很可怜，但是败坏风俗的，用她帮忙还可以，祭祀时候可用不着她沾手……否则，不干不净，祖宗是不吃的。"祥林嫂受苦了一生，被人卖来卖去，结果倒落得了一个大罪名。柳妈就恐吓她说，她因为再嫁，将来到阴司去，还要被锯开来，分给那两个死鬼的男人。根据柳妈的指示，祥林嫂把历来积存的工钱送到土地庙里捐了一道门槛，当作替身，给千人踏，万人跨，希望能"赎了这一世的罪名"，但是，当她"神气很舒畅"地去帮忙拿祭品时，却仍然遭到了拒绝。这无异于向她宣布了死刑。她终于在毕毕剥剥的祝福的爆竹声中死去。

《祝福》是一篇沉痛的控诉书，《狂人日记》里所宣布过的礼教吃人的罪恶，在这里又得到了更为深刻的揭露。

但《彷徨》里更多的是描写知识分子的作品，这与当时思想界面临新的分化这一社会背景有关。特别值得注意的是《在酒楼上》《孤独者》和《伤逝》。

《在酒楼上》的气氛很沉重。怀着孤寂心情的"我"，于南游的旅途中，在离故乡不远的小城里的一家寂寞的酒楼上，意外地遇到了旧同窗、旧同事吕纬甫。他同样是孤寂的："精神很沉静，或者却是颓唐；又浓又黑的眉毛底下的眼睛也失了精采。"但当年的吕纬甫却不是这样，他敏捷精悍，敢说敢干。他自己说："是的，我也还记得我们同到城隍庙里去拔掉神像的胡子的时候，连日议论些改革中国的方法以至于打起来的时候。但我现在就是这样了，敷敷衍衍，模模糊糊。"是什么力量使得吕纬甫这十多年间在性格上产生了这么大的变化呢？是生活。

政治的沉滞、改革的无效，使得曾经充满革命激情的吕纬甫绝望了，而个人的经济生活又逼得他去教"子曰诗云"，并不是他自愿走回头路，而是主人家只要他教《诗经》《孟子》和《女儿经》。他知道自己干的都是些无聊的事，包括他这次回南方给小兄弟迁葬和给阿顺送绒花，但都只好去做。他把自己的这种遭遇比作那种给什么一吓而飞了一个小圈子，又回来停在原地点的蜂

《彷徨》：鲁迅第二本小说集，收1924—1925年所作小说十一篇，1926年8月出版

子或蝇子，觉得实在很可笑，也可怜。但生活毫无出路，模模糊糊地过了新年，他仍旧去教他的"子曰诗云"去。

吕纬甫的遭遇，反映了相当一部分老一代革命知识分子的历史命运。他们的斗争失败了，意志也消沉了。对于这类"吃洋教"的"新党"与旧的社会势力的冲突，在《孤独者》里做了展开的描写。魏连殳是一个愤世嫉俗者，他对于封建礼教及其影响下的世俗人情，十分痛恨，他的行动处处与之对立，因而被视为"古怪"的、"异样"的人。在魏连殳祖母的大殓场面上，双方直接起冲突了。族长、近房、祖母娘家的亲丁、闲人，聚集了一屋子，因为逆料他关于一切丧葬仪式，是一定要改变新花样的。聚议之后，大概商定了三大条件，要他必行。一是穿白，二是跪拜，三是请和尚道士做法事。总而言之，是全都

照旧。大家等着魏连殳的到来，以为两面的争斗，大约总要开始的，或者还会酿成一种出人意外的奇观。但魏连殳到后，却简单地回答道："都可以的。"这很出乎人们的意料，觉得太"异样"，很失望，也很担心。魏连殳这一行动并非对于旧礼教的妥协，而是对卫道者和等待看好戏的看客当头一棒，使他们无戏可看，无事可争。但接着却把老例打得粉碎：在该哭、该拜的时候，"连殳就始终没有落过一滴泪，只坐在草荐上，两眼在黑气里闪闪地发光"；而当大殓完毕，大家都快快地似乎想走散时，"忽然，他流下泪来了，接着就失声，立刻又变成长嚎，像一匹受伤的狼，当深夜在旷野中嗥叫，惨伤里夹杂着愤怒和悲哀"。这模样，是老例上所没有的，先前也未曾预防到，大家都手足无措了。魏连殳就常常用这一种方式向旧礼教进行反抗和挑战。旧社会当然不能容忍他。先是小报上有人匿名攻击，

题《彷徨》诗，写在 1933 年 3 月 2 日赠日本友人山县初男的《彷徨》扉页上

学界常有他的流言，终而至于被校长辞退。生活煎熬着他，想找一个可以糊口的抄写工作也不可得，最后连买邮票的钱都没有了。他忽而去做了杜师长的顾问，"躬行我先前所憎恶，所反对的一切，拒斥我先前所崇仰，所主张的一切了"。不能将魏连殳这一行动理解为向旧社会投降，他是进行一种变态的反抗。"我自己又觉得偏要为不愿意我活下去的人们而活下去；好在愿意我好好地活

下去的已经没有了，再没有谁痛心。"于是，有新的宾客，新的馈赠，新的颂扬，新的钻营，新的磕头和打拱，新的打牌和猜拳，新的冷眼和恶心，新的失眠和吐血……当然，这是失败者的反抗，而魏连殳也就在这种反抗中死亡。

吕纬甫和魏连殳的失败告诉我们，他们的反抗道路是走不通的。需要从这种沉重的氛围中冲出来。

那么，"五四"以后觉醒过来的知识分子所走的是什么道路呢？他们在德、赛二先生（民主与科学）的影响下，要求解放，追求自由。人们欣赏易卜生《国民公敌》中那句名言"世上最孤立的人就是最有力量的"，而且同情《傀儡家庭》中娜拉的离家出走。很多青年走着同样的道路。鲁迅深受西方现代哲学和文艺思潮的影响，看到个性解放对于冲破传统束缚的意义，但同时他也清醒地意识到，经济在现实生活中的作用。如果没有经济的支持，个性解放事业就会落空、失败。所以他在《娜拉走后怎样》的演讲中说，如果不能解决经济问题，娜拉走后实在只有两条路：不是堕落，就是回来。"所以为娜拉计，钱，——高雅的说罢，就是经济，是最要紧的了。自由固不是钱所能买到的，但能够为钱而卖掉。"

将近两年之后所写的《伤逝》，就是用艺术形象对上述问题做出解答。

子君在反抗家庭专制，打破旧势力上是勇敢的。她追求婚姻自由，不顾家庭干涉，坚决地宣布："我是我自己的，他们谁也没有干涉我的权利！"对于路人的探索、讥笑、猥亵和轻蔑的眼光，"她却是大无畏的，对于这些全不关心，只是镇静地缓缓前行，坦然如入无人之境"。她毅然出走，与涓生自由结合。但是她走出了宗法的大家庭，却躲进了"幸福"的小家庭。每天生白炉子做饭，饲阿随，饲油鸡，还要和邻居的小官太太暗斗，此外就是等着涓生下班回来，两人相对温习爱情的旧课。而"爱情必须时时更新，生长，创造"，否则"安宁和幸福是要凝固的"。子君和涓生没有将自身的解放和社会的解放联系起来，因此，他们的爱情和生活就凝固在这安宁和幸福之中了。而当经济的打击一来，"那么一个无畏的子君也变了色"，涓生的心也跳跃着。在外来的打击面前，他们也曾想振作精神，振翅翱翔。但谋生的办法一个个失败了。在经济压迫面前，爱情终于破裂。子君走了《娜拉走后怎样》里所说的"回来"这条路。并且在父亲的烈日一般的严威和旁人的赛过冰霜的冷眼里，很快就死亡了。而涓生，则在生活的打击面前清醒过来。他"回忆从前，这才觉得大半年来，只为了爱，——盲目的爱，——而将别的人生的要义全盘疏忽了。第一，便是生活。人必生活着，爱才有所附丽"。他要寻找新的生路。"我活着，我总得向着新的生路跨出去……"

《野草》写于 1924 年 9 月到 1926 年 4 月，它运用象征的手法反映了现实的思考，通过诗的形象表达出作者内心的矛盾。作品的基调是积极的，处处表现出对于黑暗现实的抗争，对于光明前途的追求；但在知识界的分化中，作者有孤军奋战、前景渺茫的感觉，作品又流露出空虚、失望的情绪。这两种情绪交织在一起，

《野草》：鲁迅散文诗集。收 1924—1926 年所作二十三篇散文诗，另加《题辞》一篇，1927 年 7 月出版

就产生了那些希望而又失望、实有而又空虚、抗争而又有重压之感的艺术形象。

作者赞美秋夜的枣树，因为枣树尽管受了皮伤，却仍然伸展开它的枝干，"默默地铁似的直刺着奇怪而高的天空，使天空闪闪地鬼眨眼；直刺着天空中圆满的月亮，使月亮窘得发白"。鬼眨眼的天空不安了，仿佛想离去人间，避开枣树，只将月亮剩下。月亮也暗暗地躲到东边去了。而枣树的一无所有的枝干，"却仍然默默地铁似的直刺着奇怪而高的天空，一意要制他的死命，不管他各式各样地眨着许多蛊惑的眼睛"。枣树是战斗者的形象，有着不屈不挠的斗志，但身影却是孤寂的。因为秋夜的天空已将繁霜洒在野花草上，后园里只有一种极细小的粉红花，在冷的夜气中，瑟缩地做着春天终会到来的梦……连欣赏这战斗的枣树的"我"，也为自己所发出的夜半的笑声所驱逐，回到自己的房里。他又看见几个追逐光明的小青虫在玻璃灯罩上乱撞、喘气、死亡。于是，"我打一个呵欠，点起一支纸烟，喷出烟来，对着灯默默地敬奠这些苍翠精致的英雄们"。

鲁迅所处的现实是寒冷的、昏暗的。但他在那如粉如沙地弥漫太空的朔方雪花的包围中，却回忆着滋润美艳之至的江南的雪，那里还隐约有着青春的消息——雪野中有血红的宝珠山茶，白中隐青的单瓣梅花，深黄的磬口的蜡梅花；雪下面还有冷绿的杂草；以及雪地里孩子们呵着冻得通红、像紫芽姜一般的小手塑造起来的雪罗汉。而且，在昏沉的夜，他在朦胧中看见一个好的故事："这故事很美丽，幽雅，有趣。许多美的人和美的事，错综起来像一天云锦，而且万颗奔星似的飞动着，同时又展开去，以至于无穷。"但这个好的故事毕竟是虚幻的。"我正要凝视他们时，骤然一惊，睁开眼，云锦也已皱蹙，凌乱，仿佛有谁掷一块大石下河水中，水波徒然走立，将整篇的影子撕成片片了。"

鲁迅意识到，他所处的是光明与黑暗交替的时代。只有在这明暗之间，才会产生影子。但这影子来向人告别了。因为他不愿彷徨于明暗之间，不如在黑暗里沉没。然而他终于彷徨于明暗之间，因为他不知道此刻是黄昏还是黎明，他所感到的仍是黑暗和虚空而已。鲁迅说："但我的作品，太黑暗了，因为我常觉得唯'黑暗与虚无'乃是'实有'，却偏要向这些作绝望的抗战，所以很多着偏激的声音。其实这或者是年龄和经历的关系，也许未必一定的确的，因为我终于不能证实：惟黑暗与虚无乃是实有。"[1] 正因为如此，他对前途仍怀希望。鲁迅的青春是在战斗中耗去的，他的心也曾充满过血腥的歌声：血和铁，火焰和毒，恢复和报仇。忽而这一切都空虚了，于是他用希望的盾去抗拒那空虚中的暗夜的袭来，虽然盾后面也依然是空虚中的暗夜。鲁迅希望青年们起来战斗，但青年们却安于"现在没有星，没有月光以至笑的渺茫和爱的翔舞"的暗夜，于是他感到寂寞。他惊异于青年之消沉，乃作《希望》，并借用了匈牙利诗人裴多菲的诗句来批判绝望：绝望之为虚妄，正与希望相同。尽管鲁迅此刻的心情还在希望与绝望的斗争中，但他仍然坚持与黑暗的战斗："我只得由我来肉薄这空虚中的暗夜了，纵使寻不到身外的青春，也总得自己来一掷我身中的迟暮。"

这种战斗，既反映在鲁迅同时期所作的小说、杂文中，同时也反映在这本散文诗《野草》中。在这里，我们看到对于圆滑、世故的立论的批判，对于比狗还要势利的人的批判，对于

1　鲁迅：《两地书·四》，《鲁迅全集》第十一卷，第21页。

聪明人和奴才的批判，对于虚伪的"花呀""爱呀""死呀""血呀"之类叫声的批判。在这里，我们还看到，有一男一女，持刀对立旷野中，无聊人竟随而往，以为必有事件，慰其无聊；而二人从此毫无动作，以致无聊人仍然无聊，至于老死——这是鲁迅继《药》《阿Q正传》等篇之后，对于那些麻木的无聊的看客继续进行批判。

那个在苍茫的黄昏中出现的"过客"，就是深沉的具有韧性的战士的形象。他状态困顿倔强，眼光阴沉，黑须，乱发，黑色短衣裤皆破碎，赤足着破鞋，已经走过很长的路程，还要继续向前走去。老翁劝他休息一下，或者转回去，但他总觉得前面有个声音在呼唤他，他要继续向前走。他只要一杯水来恢复力气，却不愿接受姑娘布施的布片来裹伤，以免加重精神上的负担。他只知道前面是坟，再往前去就不知道是什么地方了，但他仍然向前走去。鲁迅所希望的是"这样的战士"——他不乞灵于牛皮和废铁的甲胄，他不为敌人的"点头"的武器所杀，他不为慈善家、学者、文士等各种旗帜和学问、道德、国粹等各式外套所迷惑，他举起了投枪，微笑着偏侧一掷，却正中了他们的心窝。但他感到迷惘的是，这些敌人其实只有一件外套，其中无物。投枪虽然掷中，而无物之物已经走脱，得了胜利，使得战

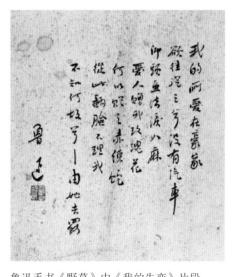

鲁迅手书《野草》中《我的失恋》片段

士成了戕害慈善家等类的罪人。旧势力是无物之物，但却变化多端，使战士终于在无物之阵中老衰，寿终。但战士是顽强的，在不闻战叫的太平的战场上，他仍举起了投枪！

在"过客"和"这样的战士"的身上，我们看到了鲁迅自己的身影。新文化阵营分化以后，他虽然曾失望、彷徨，但他始终高举着投枪，从未停止过对"无物之物"的旧势力的战斗；他一直坚持着向前走，不断地探索前进的道路。

十　向古老的旧垒袭击

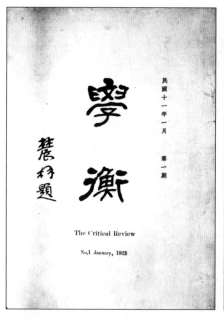

东南大学的教授们所办的《学衡》杂志　　　鲁迅的《估〈学衡〉》书影

"五四运动"以后，复古派对于新文化运动的反扑从来没有停止过，鲁迅对复古派的斗争也从来没有间歇过。

　　继林琴南之后，1922年1月，南京东南大学教授吴宓、梅光迪等人又出版了《学衡》杂志，形成一个"学衡派"。这些人大都是从美国留学回来的，以"学贯中西"相标榜，说是"既精通西方文学得其神髓而国学复涵养甚深"。他们大骂新文化运动为偏激、为模仿，赞扬"全用文言、不用所谓新式标点"的文章为"砥柱中流"。这就是他们所要昌明的国粹。但可惜他们由于本身的国学修养不够，有些人连文言文也写不通，被鲁迅抓住把柄，讥为假古董所放的假毫光；说他们虽然自称为"衡"，而本身的称星尚且未曾钉好，哪里能衡得出别人的轻重呢？所以，用不着校准，只要估一估就明白了。于是，就写了一篇《估〈学衡〉》。鲁迅随手在《学衡》创刊号中拣出许多文理不通的句子来（有些则连题目都不通），略做分析，使其洋相百出。"文且未亨，理将安托"，他们的"理"也就不攻自破了。"学衡派"原想通过他们的"衡"，来抨击新文化而张皇旧学问，但是被鲁迅这一"估"，却"估"出了他们自己的斤两，且连带使旧学问丢丑，"倘使字句未通的人也算是国粹的知己，则国粹更要惭惶煞人！”

接着而来的是章士钊。他在 1923 年 8 月发表了《评新文化运动》，把白话文评得一钱不值，将文言文说得如何之好。他举例说："二桃杀三士。谱之于诗。节奏甚美。今曰此于白话无当也。必曰两个桃子杀了三个读书人。是亦不可以已乎。"但这个例子没有贬低白话，倒是使这位"国学家"大出其丑。原来"二桃杀三士"的典故出自《晏子春秋》，说的是齐国有三个勇士对晏子不敬，晏子用计使景公送给他们两个桃子，让他们因分配不均而一一自杀了。所以这里的"士"，是指勇士，而非文士。《梁父吟》是五言诗，不能增字，不得不作"二桃杀三士"，章士钊把它解作"两个桃子杀了三个读书人"，这表明"旧文化也实在太难解，古典也诚然太难记"，连提倡者也弄不懂，还有什么好处可说呢？鲁迅抓住这一点，用一篇短小的杂文，就击破了章士钊的皇皇大论。

但章士钊在两年之后，竟在自己所办的《甲寅》杂志上重新发表这篇《评新文化运动》，并且于文前加上按语说，他把勇士说成是读书人，只不过是小节，别人指出来倒是"不学曰学"，不明事理，"又可哂也"。真是猪八戒倒打一耙。鲁迅也针锋相对地将原来那篇杂文加上按语，重新发表，题曰《再来一次》。

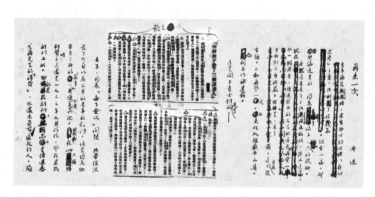

鲁迅的《再来一次》书影

章士钊这时当上了教育总长，他就不但在文字上反对新文化，提倡旧文化，而且利用手中的权力，使教育部部务会议通过决议，强令学生去读儒家的经书。这岂非退回到袁世凯时代去了？于是舆论哗然，有些人就出来批驳，指出经是不必尊的，读经乃是开倒车，等等。鲁迅根据长期的斗争经验，早就看透了这些提倡读经者的心肝。说是这些人何尝不知道读经不足以救国，也不希望人们都读成他自己那样，成为阔人和聪明人；他们无非是把人们作笨牛看，利用"读经"作为愚弄人们的手段。所以，不必俨乎其然地去论辩读经是否可以救国，需要的倒是揭穿这些提倡读经的阔人的罪恶目的。

《甲寅》：章士钊所办的"公报尺牍合璧"的"自己广告性的半官报"

　　在这样的背景下，发生了"青年必读书"事件。当时《京报副刊》以此为题，发出表格征求意见，于是许多学者名流大开书单，引导青年钻进故纸堆中去。鲁迅则针锋相对地指出：

"我以为要少——或者竟不——看中国书，多看外国书。"因为"少看中国书，其结果不过不能作文而已。但现在的青年最要紧的是'行'，不是'言'。只要是活人，不能作文算什么大不了的事"。鲁迅自己后来曾说：这"乃是用许多苦痛换来的真话，决不是聊且快意，或什么玩笑，愤激之辞"[1]。但当时这个答案一发表，立即引起一场轩然大波，遭到遗老、遗少、文人、学士们的围攻。署名和匿名的"豪杰之士"的骂信，收了一大捆，鲁迅一起把它塞在书架底下。同时，报上还出现了不少攻击的文章，有的说鲁迅"是看了达尔文、罗素等外国书，即忘却了梁启超、胡适之等的中国书了"，是"偏见的经验"；有的说鲁迅"读得中国书非常多"而"偏不让人家读"，质问他"这是什么意思呢"；有的骂鲁迅"武断""浅薄无知识"，甚至讽示他卖国。鲁迅一一予以回击，指出他们这种判决，只可以吓洋车夫，但是无力保存国粹；而国粹主义其实倒是同卖国主义相通的。因为"如果外国人来灭中国，是只教你略能说几句外国话，却不至于劝你多读外国书，因为那书是来灭的人们所读的。但是还要奖励你多读中国书，孔子也还要更加崇奉，像元朝和清朝一样"[2]。当然，鲁迅自己是读过很多古书的，正因为如此，他才更深切地知道此中的弊害，所以劝人不要读。他以已经被酒精害了肠胃的喝酒者劝人不要喝酒做比方，说，他劝青年少读古书"就是这么一个意思"。

鲁迅劝导青年少读或竟不读古书，是为了使青年摆脱传统思想的束缚，而不是一概抹杀祖国的文化遗产。所以他竭力反

1　鲁迅：《写在〈坟〉后面》，《鲁迅全集》第一卷，第302页。

2　鲁迅：《报〈奇哉所谓……〉》，《鲁迅全集》第七卷，第265页。

对读经，而鼓励读史，尤其是宋、明历史，特别是野史杂记。因为儒家的经书上尽写些"瞰亡往拜""出疆载质"之类的最巧的玩意儿，读一点就知道怎样敷衍、偷生、献媚、弄权、自私，而且能够假借大义，窃取美名；而读史，则可以从古代的兴废存亡中引出教训，作为借鉴。"历史上都写着中国的灵魂，指示着将来的命运"，正史上涂饰太厚，废话太多，很不容易看出底细来，但如看野史杂记，就更容易了然。倘将历史上某些事实与现今的状况相比较，就当惊心动魄于何其相似之甚，从而使人觉悟到中国改革之不可缓了。

总之，鲁迅所要求的是前进，而不是后退；是革新，而不是保古。他有感于当时保古空气之浓，一车车的"祖传""老例""国粹"等，堆在道路上，要将所有的人家活埋下去；而外国的考古学者们又联翩而至，也帮同保古，弄得乌烟瘴气，于是愤慨地说："我们目下的当务之急，是：一要生存，二要温饱，三要发展。苟有阻碍这前途者，无论是古是今，是人是鬼，是《三坟》《五典》，百宋千元，天球河图，金人玉佛，祖传丸散，秘制膏丹，全都踏倒他。"[1]

鲁迅剖析了中国的历史，认为中国人向来就没有争到过"人"的价格，至多不过是奴隶。中国社会几千年来无非在两种时代里轮转：一、想做奴隶而不得的时代；二、暂时做稳了奴隶的时代。严格的等级制度将人分出贵贱、大小、上下，一级一级地制驭着，自己被人吃，但也可以吃人，形成了一个吃人的社会。所谓中国文明者，其实不过是安排给阔人享用的人肉的筵宴。所谓中国者，其实不过是安排这人肉的筵宴的厨房。这种大

---

1 鲁迅：《忽然想到（六）》,《鲁迅全集》第三卷，第47页。

《语丝》：一家任意而谈、无所顾忌、促使新的产生、竭力排击旧物的知识分子同仁刊物

小无数的人肉的筵宴，从有文明以来一直排到现在，而那些封建保古主义者，还想把这个吃人的筵宴一直排下去。所以这场斗争就具有相当的严重性。鲁迅瞩目于青年，希望他们无须反顾，勇往直前。并且提出：扫荡这些食人者，掀掉这筵席，毁坏这厨房，而创造中国历史上未曾有过的第三样时代，则是现在的青年的使命！

为了使青年能走向与传统思想和黑暗社会势力斗争的前哨，鲁迅鼓励和支持青年们组织文学团体，出版各种刊物。这些社团和刊物，虽然量少力微，却是小集团或单身的短兵战，在黑暗中，时见匕首的闪光，使同类者知道还有谁还在袭击古老坚固的堡垒，大家可以得到会心的一笑。而且，这类小刊物逐渐增加，只要目标大致相同，将来就自然而然地成了联合战线，效力也就不小了。所以他说："我现在还要找寻生力军，加多破坏论者。"

鲁迅在那时，直接参与创建的，就有语丝社、莽原社和未名社的刊物。

《语丝》是一群知识分子自由组合的同仁刊物，它并没有规定什么方针，但在不经意中却显示了一种特色：任意而谈，无所顾忌，要催促新的产生，对于有害于新的旧物，则竭力加以排击。鲁迅以《语丝》为基本阵地，展开了一轮新的战斗。

为了组织更多的青年，向根深蒂固的所谓旧文明施行袭击，

来打破旧中国这个漆黑的染缸，鲁迅又于 1925 年 4 月创办了
《莽原》周刊，先随《京报》附送，后改为半月刊，由未名社出
版。鲁迅说："我早就很希望中国的青年站出来，对于中国的社
会，文明，都毫无忌惮地加以批评，因此曾编印《莽原周刊》，
作为发言之地。"[1] 鲁迅有感于当时的文坛上作诗及小说者尚有
人，最缺少的是"文明批评"和"社会批评"，所以他想在《莽
原》上多发一些议论性的文章，由此引些新的批评者来，"虽在
割去敝舌之后，也还有人说话，继续撕去旧社会的假面"[2]。但可
惜寄来的稿子偏多是小说、诗，可见培养社会批评者很不容易。

《莽原》与《未名》：鲁迅带领青年作家所创办的刊物，希望他们
能站出来对中国的社会和文明毫无忌惮地加以批评

　　未名社成立于 1925 年夏天，除鲁迅而外，都是几个青年学
生：韦素园、曹靖华、李霁野、台静农、韦丛芜。这几个人有
志于翻译，鲁迅鼓励他们翻译俄国文学和苏联文学。鉴于译稿

1　鲁迅：《华盖集·题记》，《鲁迅全集》第三卷，第 4 页。
2　鲁迅：《两地书·一七》，《鲁迅全集》第十一卷，第 64 页。

出版困难，鲁迅又支持他们自己立社出书。资本是自筹的，鲁迅出了大部分，说定了卖前书，印后稿。第一本印的是鲁迅译的《出了象牙之塔》，后来又印了鲁迅和其他成员的多种译著。未名社活跃在当时的文坛上，起了很好的作用，鲁迅称赞它是"一个实地劳作，不尚叫嚣的小团体"。

　　除上述直接参加的社团和刊物外，鲁迅还很关心其他的青年文学团体。比如，冯至、杨晦等人组织的沉钟社，就一直受到鲁迅的关怀，他鼓励他们的翻译和创作工作，也引导他们去发议论，去参加实际斗争。

鲁迅帮助青年作家编选、校订、出版的部分译著：高长虹的创作《心的探险》，李霁野的译作《往星中》

　　鲁迅是思想界的一面旗帜，受到广大青年的热爱。几乎每天都有人到西三条胡同来讨教，"老虎尾巴"里经常高朋满座。鲁迅很热情地接待青年，与他们交谈，为他们看稿、编书，甚至抱病代为校订。对于一些生活困难的青年，鲁迅还在自己拮据的经济中挤出钱来，加以帮助。鲁迅在为中国培养新的文化战士。

十一　正视淋漓的鲜血

1926 年陶元庆作鲁迅速写像

1924 年以后，中国革命运动又开始高涨。孙中山改组国民党，实行联俄、联共、扶助农工三大政策，并开始建立党军，加强广东革命政府。工人运动经过一段时期的沉寂之后，又蓬勃发展起来；农民运动在南方各省也开始发动。北洋军阀内部的矛盾加深了，分化加剧了，冯玉祥发动了北京政变，迫使直系军阀政权垮台，并改称国民军，表示倾向革命；但奉系和皖系军阀又挤走冯玉祥，成立了所谓中华民国临时执政府，推段祺瑞为"临时总执政"。

　　在全国革命形势的推动下，北京的学生运动也重新高涨起来。首先表现在女师大事件上。

　　北京女子师范大学学生反对校长杨荫榆的风潮，是从 1924 年底开始的。1925 年 3 月，斗争正逐步走向高潮的时候，中国革命的伟大先行者孙中山在北京逝世，群情哀痛，但杨荫榆却污蔑孙中山主张"共产共妻"，不准学生参加追悼会，更激起学生的愤怒。5 月 7 日是日本军国主义强迫袁世凯政府签订"二十一条"卖国条约的国耻纪念日，杨荫榆利用学生参加纪念大会的机会，强行主持会议，企图借此可以回校办事。结果被学生嘘下台来。杨荫榆上午被赶出校，下午即在西安饭店召

国立北京女子师范大学：这里所发生的"女师大学潮"名震全国

集会议，在杯盘间谋划迫害学生，开除了许广平、刘和珍等六名学生自治会干部。

当时，鲁迅是女师大兼职讲师，目睹这一斗争的发展。他对杨荫榆的家长式统治，早就非常不满，而对学生深表同情。现在，学生被欺压到如此地步，鲁迅挺身而出，仗义执言。5月10日，他在《忽然想到（七）》里，公开谴责杨荫榆"雇用了'掠袖擦掌'的打手似的男人，来威吓毫无武力的同性的同学们"，"利用了外面正有别的学潮的时候，和一些狐群狗党趁势来开除她私意所不喜的学生们"，并且号召学生起来斗争。鲁迅还为学生代拟向教育部的呈文，揭发杨荫榆的劣迹，宣布"自其失迹之日起，即绝对不容其再入学校之门"。杨荫榆当然不肯善罢甘休，她一面发表《对于暴烈学生之感言》，一面又于21日晚上在太平湖饭店召开紧急会议，进一步策划如何对付学生。这天下午，学生方面也以自治会的名义，邀请教师开会，请他们出来维持校务。鲁迅参加了学生方面的会议，听她们诉了很多的苦，同时知道太平湖饭店里又要"解决种种重要问题"了！他好像碰到了杨家的壁，非常愤慨。回家之后，他还一直想着这些学生的命运，于是他拿起笔来，写了《"碰壁"之后》。但是，杨荫榆在开除学生自治会六干部的阴谋失败之后，又在散布关于她们"品性"的谣言了。鲁迅听说学校当局有打电话给学生家属之类的举动，认为这些手段太毒了，"教员之类该有一番宣言，说明事件的真相"。于是他起草了《对于北京女子师范大学风潮宣言》。署名者共有七人，除鲁迅外，还有马裕藻、沈尹默、李泰棻、钱玄同、沈兼士、周作人。《宣言》挫败了杨荫榆的阴谋，使她在社会舆论上处于被动。这时，"现代评论派"的文人学士们出来帮腔了。陈西滢在《闲话》里散布流言说："以前我们常常听说女师大的风潮，有在北京教育界占最大势力的某籍某系的人在暗中鼓动，可是我们总不敢相信。这个宣言语气措辞，我们看来，未免过于偏袒一方，不大公允。"陈西滢装出一副折中、公允的面孔，却用"流言"这种武器，把女师大这场反抗压迫的学生运动，诬蔑为受人利用的派系斗争。什么叫"某籍某系"呢？鲁迅等人既非"研究系"，也非"交通系"或别的什么系的黑籍政客，却原来在《宣言》上署名的七人中，除李泰棻外，其

鲁迅帮助女师大学生起草的驱逐杨荫榆呈文手稿

余六人都是浙江籍的北京大学国文系的教师。原来是这样的籍和系！但陈西滢在攻击别人时却没有细想，他自己不正和杨荫榆是江苏无锡的同籍人吗？鲁迅立即写了《并非闲话》《我的"籍"和"系"》等文章进行反击，剥下他伪装公正的假面。

正当女师大斗争开始激化的时候，在上海，发生了"五卅惨案"。帝国主义的巡捕开枪射击示威群众，打死打伤数十人，上海人民实行总罢工、总罢课、总罢市。一方面是各帝国主义开来大批军舰，准备大规模镇压，"徐图瓜分"；另一方面是中国人民群情激愤，反帝浪潮推向全国，掀起了新的革命高潮。

"五卅运动"所引起的革命热潮，迫使杨荫榆等人对女师大学生的迫害放松了一步。但这是暂时的，到7月底8月初，杨荫榆就发动了新的进攻。她借口暑假修理校舍，竟强迫学生离校，并宣布解散国文系等四个班级。学生理所当然要进行反抗，她就封锁校门，截断电路，关闭伙房。学生们只能饿着肚子，借着烛光，与慰问者隔着大门相对饮泣。而这时，"现代评论派"的"正人君子"们又出来为杨荫榆帮腔了，他们竟把这种卑鄙措施说成是"以免男女学生混杂"。学生们为了自卫，毅然地毁锁开门。但为堵塞流言，当晚又请了几位师长住在教务处，又请有声望的妇女来当临时舍监。鲁迅欣然接受邀请，来校守卫，并继续撰文，揭露杨荫榆与那些"正人君子"。

杨荫榆的这一切行动，都是在教育总长章士钊的支持下进行的。由于鲁迅坚决支持女师大学生的正义斗争，并且撰文反对章士钊的复古主义，这个"老虎总长"竟利用职权，实行打击报复。他要罢掉鲁迅教育部佥事的官，企图给以经济上的打击。章士钊的这种卑劣行径引起了公愤，教育部许多同事都纷纷提出辞职，以示抗议。鲁迅当然不怕罢掉这个经常欠薪的官职，因为此时他还可以用版税维持生活；但为了打击章士钊等人的气焰，他决定在平政院起诉。章士钊向段祺瑞政府呈请罢免鲁迅的理由，是说女师大校务维持会举鲁迅为会员，鲁迅又不声明否认，"显系有意抗阻本部行政，既情理之所难容，亦法律之所不许"。但章士钊这个舞文玩法的人却疏忽了一个重要细节：他颠倒了时日。女师大校务维持会举鲁迅为会员是在13日，而章士钊的呈文却写在12日。鲁迅抓住了这个矛盾，提出反驳："岂先预知将举树人为委员而先为免职之罪名耶？"这是一个下级告上级的典型事例，而这上级又是权势显赫、受最高当局信任的人物。从这件事中可以看出鲁迅的硬骨头精神，而那时的平政院官员也还可以不受行政官员的干扰，独立依法办案，所以他们据理判决鲁迅胜诉，恢复原职。

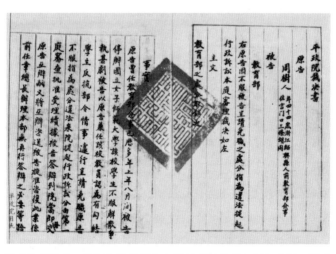

平政院裁决书：鲁迅与他的顶头上司教育总长章士钊打官司，平政院裁决鲁迅胜诉

但章士钊、杨荫榆等人对女师大学生的迫害愈来愈厉害了。教育部下令解散女师大，又要于石驸马胡同校址筹设女子大学，

并委任专门教育司司长刘百昭为筹备员。刘百昭几次带了警察进攻女师大，还雇了三河老妈子，将女师大学生强行拖拽出校。接着，他们又策划要用警察押解被开除的六名学生回籍。当此危急之际，鲁迅挺身而出，说："来我这里不怕！"许广平就在鲁迅家躲过了最紧急的几天，有几个警察查到西三条胡同，都被鲁迅坚决顶了回去。

许广平：被杨荫榆开除的女师大学生六干部之一，曾藏身于鲁迅家

女师大学生也绝不妥协，她们在各方面的支持下，于宗帽胡同另外赁屋上课，许多教师都来义务授课。鲁迅表示，在这大家都尽义务的时候，他可以多任一点课。于是他将自己的课程增加了一倍。其实，这段时期，鲁迅因为斗争过于紧张，引起肺病复发，时常身热头痛。但他仍一天也不休息，除照常上课、编刊物、为青年看稿、接待来客之外，还常常通宵不寐，写出匕首般的文章，与章士钊、杨荫榆、陈西滢等人进行不懈的斗争。

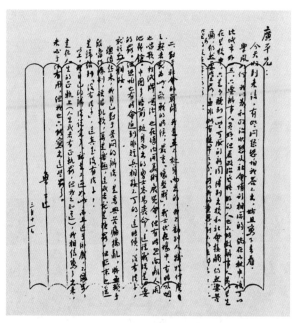

从 1925 年 3 月 11 日起许广平开始写信向鲁迅请教，从此他们开始通信，感情日深。这是鲁迅的复信手稿

宗帽胡同十四号：北京女子师范大学临时校舍

11月28日，北京各界为要求关税自主和反对段祺瑞政府举行示威游行，对依附于段祺瑞而作恶的章士钊也进行冲击。章士钊再次塌台，逃到天津。于是，在石驸马胡同的女子大学派代表至宗帽胡同，欢迎女师大同学复校。30日下午，鲁迅与许寿裳同至女师大教育维持会，送学生复校。女师大同学的正义斗争总算取得了暂时的胜利。

驱杨运动胜利，女师大复校后的纪念照

还在女师大学生运动处于困难阶段时，周作人就提出要学洋绅士的"费厄泼赖"（Fairplay）精神。章士钊塌台之后，他在《语丝》上发表《失题》，声称不愿打落水狗，不愿追赶这班散了的猢狲，说："自十二月一日起，我这账簿上《赋得章士钊及其他》的题目也当一笔勾消了事了。"接着，林语堂又在《插论语丝的文体——稳健、骂人、及费厄泼赖》里加以发挥道："此种'费厄泼赖'精神在中国最不易得，……惟有时所谓不肯'下井投石'即带有此义。"他要求对失败者如今日之段祺瑞、章士钊，不应再施攻击。

"费厄泼赖"虽然是外国货，但这种所谓不打落水狗的宽容精神，却是我国古已有之的，所谓"犯而不校"的恕道即是。鲁迅从他长期的革命斗争经验出发，认为那是圣贤们用来欺骗老实人的玩意儿。因为他们只要无权无势者讲宽容，而他们自己却并不行恕道。辛亥革命时代的革命家，就上当受骗，很吃了这种不打落水狗精神的亏。民国元年之前，有很多革命党人是死于绅士的告密的，秋瑾烈士就是其中之一。

　　辛亥革命之后，这些曾经"以人血染红顶子"的绅士老爷，已经惶惶然若丧家之狗，本来，革命党应该对他们施行革命的专政，但是，却说是"咸与维新"了，不肯打落水狗。于是，听凭他们爬上来，伏到民国二年下半年，二次革命的时候，就突然出来帮着袁世凯咬死了许多革命者。王金发就是被袁世凯的走狗枪决了，参与有力的正是他所释放的杀过秋瑾的谋主章介眉。

　　鲁迅不希望历史的惨剧重演，立即写出《论"费厄泼赖"应该缓行》这篇文章，针锋相对地提出了要打落水狗，表现了彻底的不妥协的革命精神。何况，段祺瑞、章士钊这些塌台人物，还不能与"落水狗"相提并论。他们何尝真是落水，"巢窟是早已造好的了，食料是早经储足的了"，"他日复来，仍旧先咬老实人开手，'投石下井'，无所不为"。所以，对他们更不能放松警惕。鲁迅后来把这篇文章收入杂文集《坟》时，特别在后记《写在〈坟〉后面》里指出："最末的论'费厄泼赖'这一篇，也许可供参考罢，因为这虽然不是我的血所写，却是见了我的同辈和比我年幼的青年们的血而写的。"鲁迅深深记住了这个血的教训，绝不与敌手讲"费厄"。

林语堂绘《鲁迅先生打叭儿狗图》

　　鲁迅的预言没有错。果然，段祺瑞反动政府在避过风头，积蓄好力量之后，便对革命人民进行了血腥的屠杀。1926 年 3 月，直、奉军阀联合进攻冯玉祥的国民军，失利，日本军舰炮击大沽口，护送奉军舰只进攻国民军。国民军予以还击，并提出抗议。但日本帝国主义却纠集八国公使，以维护《辛丑条约》为名，向中国政府提出最后通牒。这一事件激起中国人民极大愤怒。3 月 18 日，北京总工会和各校学生等五千人，在天安门集会，抗议帝国主义的最后通牒，并提出"打倒段祺瑞""驱逐帝国主义公使出境"等口号。会后有两千多人前往铁狮子胡同向执政府请愿。段祺瑞政府竟下令卫队用步枪大刀，在国务院门前包围虐杀徒手群众，制造了"三一八"大惨案。

　　惨案发生那天，鲁迅正在家里写与章士钊、陈西滢等人继续战斗的文章《无花的蔷薇之二》。消息传来，异常悲愤。他说："已不是写什么'无花的蔷薇'的时候了。虽然写的多是刺，也还要些和平的心。现在，听说北京城中，已经施行了大杀戮了。当我写出上面这些无聊的文字的时候，正是许多青年受弹饮刃的时候。呜呼，人和人的灵魂，是不相通的。"鲁迅立即着手揭露这一残虐事件，并且指出："这不是一件事的结束，是一件事的开头。墨写的谎说，决掩不住血写的事实。血债必须用同物偿还。拖欠得愈久，就要付更大的利息！"并且于文末署道："三月十八日，民国以来最黑暗的一天，写。"

段祺瑞政府的无耻还不止于此。他们虐杀了群众，却诬蔑群众为暴徒，并且弄来了一根木棍、两支手枪、三瓶煤油做"证据"，说这是共产党所领导的暴动。鲁迅指出："姑勿论这些是否群众所携去的东西；即使真是，而死伤三百多人所携的武器竟不过这一点，这是怎样可怜的暴动呵！"[1]而"正人君子"们又来发挥他们的帮凶的本领了，继续制造流言。首先是研究系的论客，在《晨报》上著文诬蔑，说是"啸聚群众，挟持枪械""殴击警卫队""铤而走险"，而且说这是"共产派诸君故杀青年，希图利己"，因而提出要驱逐共产党。接着，陈西滢又在他的《闲话》里为杀人者开脱罪责，而归咎于"民众领袖"，说他们"犯了故意引人去死地的嫌疑"。这种阴险的论调，尤其使鲁迅觉得悲哀，他说："我已经出离愤怒了。"于是，接连写了《"死地"》《可惨与可笑》《空谈》《淡淡的血痕中》等文章，加以揭露。

在"三一八"惨案的死难者中，也有鲁迅的学生，女师大的刘和珍就是。她是去年夏初被杨荫榆开除的六个学生自治会干部之一，斗争坚决，办事干练，但并不桀骜锋利，常常微笑着，态度很温和，现在却被段祺瑞的军队杀害了。当她在执政

1　鲁迅：《可惨与可笑》，《鲁迅全集》第三卷，第 286 页。

府前中弹倒下时，同去的张静淑想去扶她，也中枪，立仆；同去的杨德群君又想去扶起她，当场被打死。3月25日，鲁迅去参加北京女子师范大学为刘和珍、杨德群二人开的追悼会，知道了她们被害的情况，并亲眼看到她们的尸骸，证明着这不但是杀害，简直是虐杀，因为身体上还有棍棒的伤痕。但段政府却有令，说她们是"暴徒"！而且接着就有流言，说她们是受人利用的。这是一个什么世界啊！鲁迅只觉得所住的并非人间。"惨象，已使我目不忍视了；流言，尤使我耳不忍闻。我还有什么话可说呢？"几天之后，他将心头的哀痛和积愤凝铸成一篇悼文：《记念刘和珍君》。这不但是奉献于逝者灵前的祭品，而且表示了生者继续奋战的决心："真的猛士，敢于直面惨淡的人生，敢于正视淋漓的鲜血。""苟活者在淡红的血色中，会依稀看见微茫的希望；真的猛士，将更奋然而前行。"

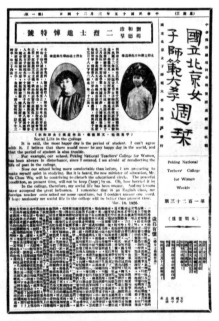

北京女子师范大学悼念刘和珍、杨德群二位烈士的特刊

鲁迅在《记念刘和珍君》中说："真的猛士，敢于直面惨淡的人生，敢于正视淋漓的鲜血。""真的猛士，将更奋然而前行。"

要继续进行更有效的斗争，必须总结战斗经验。这次流血事件，教训是够惨痛的了。鲁迅指出了当时群众领袖的两个错误：一是还以请愿为有用；二是将对手看得太好了。对于请愿的事，鲁迅一向就不以为然的。这倒并非他有先见之明。那样的惨杀，他实在没有梦想到。但是，他知道中国多暗箭，挺身而出的勇士容易丧命，所以他一向反对赤膊上阵，而主张壕堑战。他认为这并非吝惜生命，乃是不肯虚掷生命，因为战士的生命是宝贵的；他也深知改革常不免于流血，然而血的应用，不应浪费，何况流血并不即等于改革。他对于这回的牺牲者，觉得非常哀伤。"但愿这样的请愿，从此停止就好。"他说，"这回死者的遗给后来的功德，是在撕去了许多东西的人相，露出那出于意料之外的阴毒的心，教给继续战斗者以别种方法的战斗。"[1]

北京各界追悼"三一八"死难烈士大会会场

"三一八"之后，更大的政治迫害开始了。惨案发生后的第二天，段祺瑞政府即下令通缉李大钊等五人，说他们"率领暴徒数百人，手持手枪，闯集国务院"云云。接着又开了五十一个教授的名单，准备通缉，鲁迅的名字也在内。其时章士钊又已成了段祺瑞政府的秘书长，鲁迅相信，这种计划在他的脑子里，是确实会有的。所以在 3 月 26 日，鲁迅离家出走，暂时避居在西城锦什坊莽原社内。但是到第三天，突然有三个陌生的青年闯到莽原社要找鲁迅，刚好这时许羡苏给鲁迅送东西去，就把这三个人打发走了。鲁迅疑心他们是侦探，第二天清早就装作病人，住进山本医院去。在这里，他是个特殊"病人"。他

1　鲁迅：《空谈》,《鲁迅全集》第三卷，第 298 页。

不是住院看病，而是在病房看书写作。4月15日，由于直、奉联军进入北京，形势进一步恶化，鲁迅在友人的帮助下，转移到了德国医院，住在一间破旧什物堆积的房中，夜晚在水门汀地面上睡觉，白天用面包和罐头食品充饥。这时，有人从外面带来消息说，当局又计划要搜查被缉教授们的家庭了。鲁迅赶快托人把母亲和朱安夫人接出寓所躲避，暂住在东安饭店里。但鲁迅在德国医院里又不能住下去了，因为医生不同意无病的人在医院里多住。他于4月26日再次转移到法国医院。

《华盖集》及其续编：记载着鲁迅在1925—1926年的文章

在辗转避难期间，虽然生活极不安定，处境十分险恶，而鲁迅仍坚持写作，继续战斗，并且还冒着危险，到女师大等校讲课。直到5月2日，禁令稍松，局势缓和下来，鲁迅才由法国医院回到家中。

这时，北伐军先遣队——叶挺独立团开始向湖南挺进，7月，国民革命军正式誓师北伐。北方的政治愈来愈复杂了。鲁迅决定离开北京，到南方去。林语堂此时已到厦门大学担任文科主任，该校还要创办国学研究院，邀请鲁迅去担任国文系教授兼国学院研究教授。鲁迅遂于 8 月 26 日离开了长期工作和战斗过的北京，途经上海，到厦门去。许广平同行，她要到广州去教书。

十二　在死海里激起了波涛

1926 年 9 月 1 日鲁迅寄给许广平的 "厦门大学全景" 明信片，并在上面写明
所住生物楼的位置

厦门地处东南海隅，背山面海，风景佳丽。从风沙迷漫、黄埃满天的北国来到此处，自有一番清新之感。鲁迅初到时，一个同事便告诉他：此处山光海气，春秋早暮都不同。还指给他石头看：这块像老虎，那块像癞蛤蟆，那一块又像什么什么……但鲁迅无心欣赏风景，听过就忘记了，他觉得，其实这些石头也不大像什么。海滨很有些贝壳，捡了几回，也没有什么特别的。他写了篇《厦门通信》，说："我对于自然美，自恨并无敏感，所以即使恭逢良辰美景，也不甚感动。但好几天，却忘不掉郑成功的遗迹。"

郑成功是明末抗清的民族英雄。当清兵入关，南明覆亡，王公大臣纷纷投降之时，郑成功却在厦门、台湾坚持抗击，直到最后。鲁迅对他非常敬仰。现在来到厦门，看到郑成功所筑的城墙，一想到除了台湾，这厦门乃是清兵入关以后最后陷落的地方，委实觉得可悲可喜。台湾是直到1683年，即康熙二十二年才被清兵攻克的，也就在那一年，康熙根据明朝降臣的奏议，下令修补十三经和二十一史的刻板。现在呢，有些人巴不得读经；殿板二十一史也变成了宝贝。然而郑成功的城却很寂寞，听说城脚的沙，还被人盗运去卖给对面鼓浪屿的谁，快要危及城基了。

有一天清早，鲁迅望见许多小船，吃水很深，都张着帆驶向鼓浪屿去，大约便是那卖沙的同胞。面对此情此景，真是感慨系之。

鲁迅的到来，极受学生们欢迎。当地青年只恐鲁迅在此住不惯，有几个甚至星期六不回家，预备星期日鲁迅若到市上去玩，他们好陪同去做翻译。还有些外地学生，竟千里迢迢追随而至。当时厦大学生很少，全校只有四百多人，分成很多系科，每系又分三级，有的全班只有一个学生，天天和教员对坐而听讲。但来听鲁迅讲课的学生却很多，不但有国文系全部，还有英文系、教育系的。后来，商科、法科、理科的学生，还有校内的助教、校外的记者也都跑来了，不但教室坐满，有许多人是靠墙站着听的。鲁迅从容讲学，娓娓动听，使人乐而不倦。他开了两门课："中国小说史"和"中国文学史"。小说史已有成书，无须预备；文学史则要编讲义。鲁迅说："看看这里旧存的讲义，则我随便讲讲就很够了，但我还想认真一点，编成一

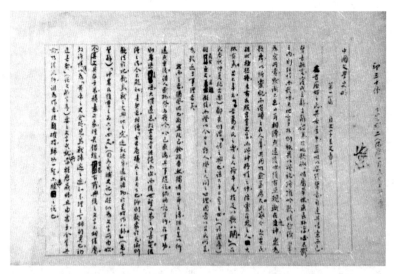

鲁迅在厦门大学编写的《中国文学史》讲义手稿。因提前离开，此书未能写完，已成部分改名为《汉文学史纲要》

本较好的文学史。"[1]厦大图书资料极其缺乏，鲁迅就自己托人在上海买了大批书籍，开手编书。后因提前离开厦门而未终卷。已成部分即《汉文学史纲要》。

鲁迅到厦大，原想认真做些事。但到达以后，却发现这里是个"金钱世界"。他在给翟永坤的信中说："据我所觉得的，中枢是'钱'，绕着这东西的是争夺，骗取，斗宠，献媚，叩头。没有希望的。"学校当局虽出重资聘请一些名教授，那无非是为了装门面，以广招徕，对教师的生活却不照顾，居住饮食都不妥为安排，致使鲁迅常为吃饭问题而烦心，连喝开水也不容易，而且搬来搬去，居无定处，几乎成为旅行式教授。厦大当局认为校方既出了钱，教员就要从速做许多工作，发表许多成绩，就像养了牛每日要挤牛乳一般；而且未免视教员为变把戏者，要他空拳赤手，显出本领来。

集美楼：鲁迅在厦大被迫搬来搬去，居无定所，几乎成为旅行教授。他到厦大不满一个月，就从生物楼搬到集美楼

1　鲁迅：《两地书·四一》，《鲁迅全集》第十一卷，第119页。

鲁迅刚到不久，学校当局就问履历，问著作，问计划，问年底有什么成绩发表，令人心烦；后来鲁迅气起来，对校长说，他原已辑好了古小说十本，只需略加整理，学校既如此着急，月内便去付印就是了。于是他们就从此没有后文。学校的教职员也很斤斤计较于银钱，"某人多少钱一月"等的话，谈话中常常听见。有些人更是奴性十足，有一次开恳亲会，竟有人先感谢校长给大家吃点心，次说教员吃得多么好，住得多么舒服，薪水又这么多，应该大发良心，拼命做事，而校长如此体贴大家，真如父母一样……鲁迅听了气极了，正要立刻跳起来，但已有别一个教员上前驳斥其人了，闹得不欢而散。鲁迅为此在给许广平信中感慨道："在金钱下呼吸，实在太苦，苦还罢了，受气却难耐。"

鲁迅一向生活朴素，衣着随便，在这个"金钱世界"里，就显得很突出。《厦声日报》曾特别介绍他的形象道："没有一点架子，也没有一点派头，也没有一点客气，衣服也随便，铺盖也随便，说话也不装腔作势……"但在以衣冠取人的社会里，这个样子是要遭到歧视的。比如领薪水，当鲁迅拿了支票到美丰银行去兑现时，柜台上的人看见这个穿着破衣服、头发很长的老头，眼珠往上一翻，就问："这张支票是你的吗？"鲁迅吸了一口烟，还他一个白眼，一语不发；他们连问三次，鲁迅连吸了三口烟。那张支票到底在无言的抗议中兑现了。后来在给鲁迅饯行的宴会上，校长林文庆介绍一位资本家道："这是我们的董事。我们私立大学不管别的，谁捐钱就可以做董事。"鲁迅毫不犹豫地从口袋里掏出两毛钱来往桌上一拍，说："我捐两毛钱可以做董事吗？"这又是向"金钱世界"所做的一次有声的抗议。

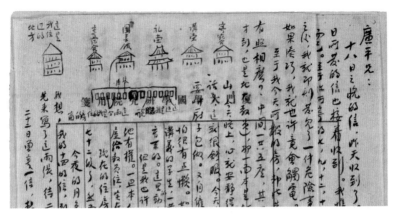

1926年9月25日夜，鲁迅搬到集美楼之后，即在致许广平信中画出居住及工作环境图

集美楼二楼西侧鲁迅居室内景

在鲁迅到厦大的同时，"现代评论派"也陆续南下了。他们一面安插羽翼，扩大势力，巴结当局，联络同事，一面则千方百计地排斥鲁迅。他们还将女师大的一个职员引荐给林语堂做襄理，此人尤善兴风作浪，常常在生活上故意刁难鲁迅。鲁迅说他原以北京为污浊，乃至厦门，现在看来，可谓妄想，大沟不干

净，小沟就干净么？在北京，还有北大国文系的同仁们对抗着"现代评论派"，而这里的国学院却弄成了他们的天地，他觉得毫无希望。"我是不与此辈共事的，否则，何必到厦门。"于是他决定提前离开。他原定在厦大两年，后因厌恶这个"金钱世界"，缩短为一年，现在则想至多在本学期之末就离开厦大。

鲁迅来厦门，一方面是为了暂避军阀官僚、"正人君子"们的迫害；另一方面也打算休息几时，准备日后展开新的斗争，从事新的工作。不料高长虹等人却以为他被夺掉笔墨，不再有开口的可能，于是翻脸攻击起来了。高长虹是鲁迅办《莽原》时培养的青年作家，鲁迅在他身上曾经花过很多心血。但此人极端狂妄，鲁迅一离开，他就与未名社争夺《莽原》，接着又在上海办起《狂飙》周刊，大骂鲁迅。他嘲笑鲁迅之受章士钊的迫害，说他："于是遂戴其纸糊的'思想界的权威'之假冠，而入于身心交病之状态矣。"而同时，却又登广告说"与思想界先驱者鲁迅合办《莽原》"，以此招摇撞骗。鲁迅认为他这是见到有血可吮时，日日吮血，一旦不能再吮了，便想一棒打杀，还将肉作罐头卖以获利。这使鲁迅很愤慨。他在静夜中，回忆先前的经历，觉得现在的社会，大抵是可利用时则竭力利用，可打击时则竭力打击，只要有利可图。他自己常想给别人出一点力，所以在北京时，拼命地做，忘记吃饭，减少睡眠，吃了药来编辑、校对、作文。谁料结出来的，都是苦果子。当他一受段祺瑞、章士钊们的压迫，有些人就立刻来索还原稿，不要他选定、作序了。更有甚者，还乘机下石，连他请人吃过饭也是罪状，这是他在运动那人；请人喝过好茶也是罪状，这是他奢侈的证据；而且将访问时所见的态度、衣饰、住处等，都作为攻击之资。这怎能叫人不气愤呢？

鲁迅一向富于自我牺牲精神，愿做培养天才的土壤。他说："我先前何尝不出于自愿，在生活的路上，将血一滴一滴地滴过去，以饲别人，虽自觉渐渐瘦弱，也以为快活。而现在呢，人们笑我瘦弱了，连饮过我的血的人，也来嘲笑我的瘦弱了。"[1]他决定不再退让，"拳来拳对，刀来刀当"，于是写了《所谓"思想界先驱者"鲁迅启事》《新的世故》等文章，对高长虹加以揭露，同时在历史小说《奔月》里塑造了一个招摇撞骗的人物——逢蒙，在他身上概括了这类人的卑劣品质。

当然，鲁迅并不因为遇见几个背信弃义者，便将人们都作坏人看。他对于要前进的青年，仍旧不惜时间、精力加以帮助。在鲁迅的指导下，当时厦大的青年相继成立了泱泱社和鼓浪社，并筹办《波艇》月刊和《鼓浪》周刊。鲁迅"仍然去打杂"，为之看稿、改稿、写稿，并介绍出版；又给一个学生根据《红楼梦》改编的剧本《绛洞花主》写了小引。在厦门期间，鲁迅还为北大学生董秋芳所译的俄国作品集《争自由的波浪》校订并作小引。

鲁迅来到厦门以后，由于伏处海滨，几与社会隔绝，所以杂文写得较少，而回忆却出土了，他继续写作在北京已开始了的《旧事重提》（结集时改名为《朝花夕拾》），写了《从百草园到三味书屋》等五篇。杂文集《坟》这时也在北京印行，他又为之写了序跋。《坟》是鲁迅从1907年至1925年的重要文章的结集，标志着他从事文艺运动以来的思想历程。在夜深人静之时，寂静浓到如酒，令人微醺。鲁迅回顾着逝去的岁月，分析着自己所走过的道路，不禁思绪万千。"我的确时时解剖别人，

1　鲁迅：《两地书·九五》，《鲁迅全集》第十一卷，第253页。

鲁迅（居中）、林语堂（左三）与厦门大学学生文学团体泱泱社成员合影

鲁迅在厦门南普陀坟丛中

然而更多的是更无情面地解剖我自己。"鲁迅认识到自己的历史任务，是在有些警觉之后，喊出一种新声；又因为从旧垒中来，情形看得较为分明，反戈一击，易制强敌的死命。但毕竟因为看过许多旧书，所以不但思想上中了些庄周、韩非的毒，而且所做的白话也不免流露出古文的字句和体格来。鲁迅认为自己不过是桥梁中的一木一石，跟着而来的总得更有新气象。

《坟》：鲁迅论文和杂文合集，收
1907—1925 年所作二十三篇及
1926 年在厦门所写前言和后记。
1927 年 3 月出版

这年年终，鲁迅辞去厦门大学一切职务。他接受了广州中山大学的邀请，准备前去任教。广州是当时的"革命策源地"，鲁迅甚为向往。他一直关心北伐军进军消息，在给许广平信中时有提及。如"此地北伐顺利的消息也甚多，极快人意"；"今天听到一种传说，说孙传芳的主力兵已败，没有什么可用的了，不知确否"；"北伐军得武昌，得南昌，都是确的。浙江确也独立了"。当鲁迅准备赴广州时，中央政府正迁往武汉。鲁迅认为这没有什么关系。因为他不在追踪政府，而在追求革命。鲁迅说："其实我也还有一点野心，也想到广州后，对于'绅士'们仍然加以打击，至多无非不能回北京去，并不在意。第二是与创造社联合起来，造一条战线，更向旧社会进攻，我再勉力写些文字。"[1]

当鲁迅辞职的消息传出以后，厦大动荡了。他们开始了一个挽留运动，接着又发展成改革运动。学校当局着慌了，他们造出许多谣言，说这是胡适派和鲁迅派的矛盾，与厦大无关；或说鲁迅之所以不肯留在厦大，是因为"月亮"（指许广平）不在之故；还有说，鲁迅本来就是来捣乱的，所以北京的职务都没有辞掉，等等。这些谣言无损于鲁迅，而更加激起学生的愤怒，厦大的风潮爆发了。鲁迅说："我原以为这里是死海，不料经这一搅，居然也有了些波动。"[2]

1　鲁迅：《两地书·六九》,《鲁迅全集》第十一卷，第195页。
2　鲁迅：《两地书·一〇五》,《鲁迅全集》第十一卷，第267页。

"厦岛留别鲁迅先生"照：1927年1月4日摄，前排左起第七人为鲁迅

十三　旧思路的轰毁

1927 年的鲁迅，摄于广州

鲁迅是 1927 年 1 月 18 日到达广州的。这时，北伐战争仍在进行之中，但革命阵营内部，国民党与共产党的矛盾斗争，却已激化。鲁迅来到中山大学之后，广州各种报刊，从不同的立场出发，发表了许多欢迎文章；国共双方人士，都在设法接近鲁迅，争取鲁迅。但鲁迅却始终保持着独立思考，用自己的眼光来观察形势。

　　鲁迅的眼光非常锐利，善于见微而知著，从细节判断出大

广州中山大学外景

局的走向。他是因为听说广东很革命，赤化了，所以决心到广州来看看，来到后果然满街是红标语，但仔细一看，那些标语都是用白粉写在红布上的，"白中带红"，有点可怕！所以到广州之后不多久，他便觉察到：原来往日所闻，全是谣言，这地方，却正是军人和商人所主宰的国土。由于广州社会没有巨大的变动，所以"这里可以做'革命的策源地'，也可以做反革命的策源地"[1]。他也看到，中国经过许多战士的精神和血肉的培养，的确长出了一点先前所没有的幸福的花果来，也还有逐渐生长的希望，但可惜继续培养的人少，而赏玩、攀折这花朵，摘食这果实的人太多了。所以他对于广东乃至中国的前途，并不乐观。

2月18日至20日，鲁迅应邀到香港做了两次演讲，题为《无声的中国》和《老调子已经唱完》。香港是鸦片战争失败以后，英国殖民主义者从中国强行"租借"去的地方。英国统治者为了奴役香港的中国人民，正在提倡孔孟之道，那里的"国粹气"熏人。所以，鲁迅这两个演讲主要针对尊孔思想、国粹主义。鲁迅指出，中国一向唱的是老调子，和社会没有关系的老调子，老调子还未唱完，而国家已经灭亡过好几次了。直到现在还将文章当作古董，以不能使人懂为好，以致现在中国人民哭着呢还是笑着呢，我们都不知道，人民弄得像一盘散沙，中国成为无声的中国。鲁迅又针对香港的具体情况，阐述了历史上凡异族统治时期，总要"利用了我们的腐败文化，来治理我们这腐败民族"的历史教训，指出："现在听说又很有别国人在尊重中国的旧文化了，那里是真在尊重呢，不过是利

1　鲁迅：《在钟楼上》，《鲁迅全集》第四卷，第33页。

中山大学大钟楼：鲁迅初到广州时曾居住于此

用！""保存旧文化，是要中国人永远做侍奉主子的材料，苦下去，苦下去。"所以鲁迅号召青年不要再说孔子、孟子和韩愈、柳宗元们的话，而要用活着的白话，将自己的思想感情直白地说出来。"青年们先可以将中国变成一个有声的中国。大胆地说话，勇敢地进行，忘掉了一切利害，推开了古人，将自己的真心的话发表出来。"

鲁迅到香港演讲，很使港英当局害怕，所以主持其事的人因此受了许多刁难。先是颇遭交涉，中途又有反对者派人索取入场券，收藏起来，使别人不能去听，后来又不许将讲稿登报，经交涉的结果，是削去和窜改了许多。鲁迅从广州到香港时，船上一个船员还很为他的安全担心，认为他的赴港，说不定会遭谋害，因而替他计划，忙了一路。但鲁迅终于平安地回到了广州。

大钟楼内鲁迅居室

回来之后，开学之期已近。鲁迅被套上了文学系主任兼教务主任的头衔，于是忙得不可开交，召开会议，举行补考，核算分数，接见各种学生，和他们辩论各种问题，如分数多寡的辩论；及格与否的辩论；教员有无私心的辩论；优待革命青年，优待程度的辩论；试题难易的辩论；还有人本无名，所以无所谓冒名顶替的玄学的辩论……这样一天天下去，弄得鲁迅连吃饭、睡觉的工夫都没有了。而在这时，却有人在报上发表文章《鲁迅先生往那里躲》，指责鲁迅对"旧社会死去的苦痛，新社会出生的苦痛"熟视无睹，"竟跑出了现社会，躲向牛角尖里去了"。其实，鲁迅到广州来，本是想和创造社联合起来，继续向旧社会进攻的，但这时创造社的主要骨干都已离开广州，无从联合；而他自己呢，正在忙于辩论和开会，哪里还能够出来呐喊呢？

鲁迅与老友许寿裳一起，同住在校内大钟楼上，夜里有十几只硕大的老鼠赛跑，清晨有工友在门外高唱。每天来找鲁迅的人特别多，访问的、研究的、谈文学的、侦探思想的、要做序题签的、请演说的，闹得不亦乐乎，大抵晚上11时才散。客散之后，鲁迅才能开始写作，有时甚至彻夜不眠。为了避开一些来访者，好有一些时间想想写写，3月底，鲁迅与许寿裳一起移居白云楼二十六号二楼。当时许广平做鲁迅的助教，也一起住到白云楼，代为料理生活事务。此处甚为清静，远望青山，前临小港，的确是个读书的环境。

白云楼二十六号：1927年3月29日鲁迅与许寿裳、许广平移居于此

但鲁迅仍不免要应邀演讲和作文。不过他所说的往往与那些流行的革命话语有所不同。

4月8日，他应邀到黄埔军官学校做演讲，题为《革命时代的文学》，就对当时流行的革命宣传文学提出质疑。他说："在这革命地方的文学家，恐怕总喜欢说文学和革命是大有关系的，例如可以用这来宣传，鼓吹，煽动，促进革命和完成革命。不过我想，这样的文章是无力的，因为好的文艺作品，向来多是不受别人命令，不顾利害，自然而然地从心中流露的东西；如果先挂起一个题目，做起文章来，那又何异于八股，在文学中并无价值，更说不到能否感动人了。"他又通过革命与文学的关系，对广东的社会状况做了剖析。他说，当时报纸上的文章，几乎全是旧式的，这足见中国革命对于社会没有多大的改变，对于守旧的人没有多大的影响，所以旧人仍能超然物外。

鲁迅在黄埔军官学校的演讲：《革命时代的文学》

4月10日，鲁迅为庆祝北伐军占领上海、南京，又写了一篇文章《庆祝沪宁克复的那一边》。当时，许多人都陶醉在凯歌声中，而鲁迅所见却与他们有些不同。他想到了十六年前也曾克复过南京，还给捐躯的战士立了一块碑，民国二年后，便被张勋毁掉了；他又想到前两天报上所载李大钊在北京被捕的消息，那圆圆的脸和中国式的下垂的黑胡子便浮现在眼前，不知道他现在怎么样了。历史的经验和眼前的事实都说明：当革命胜利之际，"黑暗的区域里，反革命者的工作也正在默默地进行"。所以鲁迅指出："最后的胜利，不在高兴的人们的多少，而在永远进击的人们的多少。"他想起了前几时在《少年先锋》上读到的列宁的一段话。列宁告诫人们：不要陶醉于胜利，不要骄傲；要巩固自己的胜利；要彻底消灭敌人。鲁迅说："俄国究竟是革命的世家，列宁究竟是革命的老手，不是深知道历来革命成败的原因，自己又积有许多经验，是说不出来的。"鲁迅认为，先前，中国革命者的屡屡挫折，就因为忽略了这一点。"小有胜利，便陶醉在凯歌中，肌肉松懈，忘却进击了，于是敌人便又乘隙而起。"

不幸而言中。不过这一次，乘隙而起的不是敌对的北洋军阀，而是北伐军内部的一种势力。鲁迅这篇文章写好后第三天，还没有来得及发表，就发生了"四一二"政变。蒋介石从上海开始，对共产党人进行血腥的大屠杀。4月15日，在广州，也开始了"血的游戏"。那天清晨，鲁迅闻讯后立刻起身跑到中山大学，在各主任紧急会议上首先提出要营救学生。开始还有一两人响应鲁迅的主张，但朱家骅说中大是"党校"，在"党校"的教职员应当服从"党"，不能有二志，这几句话把在场的人弄得哑口无言。鲁迅据理力争，但是无效，于是愤而辞职，以示抗议。

跟着鲁迅一起辞职的，还有许寿裳。许寿裳是一个有正义感的知识分子，在漫长的革命斗争中，他多次与鲁迅同进退。

这次，他也以辞职表示对屠杀的抗议。许寿裳的社会影响较小，中大当局立即照准了；鲁迅的社会影响很大，怕因他的辞职而引起学生风潮，在此后一个多月里，他们多次来人挽留并致聘书，朱家骅还亲自上门，鲁迅都拒绝了，后来连来人也不予接见。直到 6 月 6 日，中大当局看到没有回转的余地，这才不得不同意鲁迅辞职。

鲁迅滞留广州期间编辑、整理的部分译著

但鲁迅也并不马上离开广州，以免给人以逃走的口实。他仍住在白云楼上，一边观察形势，思考眼前所发生的事情，一边整理旧稿，对过去的工作做一番清理。他编就了两本散文集：《野草》和《朝花夕拾》，整理好一部翻译的童话《小约翰》和一部纂辑的古籍《唐宋传奇集》。广州的天气热得早，夕阳从西窗射入，热气逼人。鲁迅的书桌上放一盆"水横枝"，枝叶青葱可爱。他看看绿叶，编编旧稿，感到真是虽生之日，犹死之年。

但危险也在时时逼近。国民党当局常常派人来侦察，而帮凶们也千方百计想给他罗织罪名。中国的士大夫在对付反对派时，总要给他加上个可死之罪。先前是"通虏""通海"，后来是"康党""革党"，这回当然是"共产党"了。曾经有一个青年，想以陈独秀办《新青年》，而鲁迅在那里做过文章这一件事，来证明他是共产党。但随即被另一个青年推翻了，他知道那时连陈独秀也还未讲共产。而香港的报纸又大造其谣言，先是《工商报》上说，因为"清党"，鲁迅已经逃走。后来，《循环日报》上，又以讲文学为名，说鲁迅是《晨报副刊》特约撰述员，现在则到了汉口，意思是在说鲁迅先是研究系的好友，现是共产党的同道。这里面是包含着杀机的，也是对鲁迅到香港去演讲的报复。鲁迅发信去更正，报纸却不肯登出来。不过总算平安无事，却让他在这屡次升沉中，更看清了人情世态。

《朝花夕拾》插图：鲁迅手绘《无常图》

虽然鲁迅对革命前途早就有些担心，但如此残酷的政变却是他始料所不及的。那些国民党新军阀真是做戏的虚无党，最初，他们说共产党是火车头，国民党是列车，革命是由共产党领导国民党成功的，或者说共产党是革命的功臣，有人还带领学生在苏联顾问鲍罗廷面前行了最高敬礼。但这回却正因为他们是共产党而把他们杀戮，而且那处死的方法又是残酷至极，斩首、活埋、斧劈、枪刺、活活打死。这简直是故意设下陷阱，正像是"聚而歼旃"。鲁迅不免感到哀痛。

这些血的事实，对鲁迅触动很大，使他的一种理想破灭了。他原来有一种乐观，以为压迫、杀戮青年的，大概是老人。这种老人渐渐死去，中国总可比较地有生气。现在他知道不然了，杀戮青年的，似乎倒大概是青年，而且对于别个的不能再造的生命和青春，更无顾惜。鲁迅目睹了这些事实，他原来进化论的思路完全轰毁了。鲁迅还有一种理想，是想以文学来唤起人们的觉悟，使人们起来革命，所以他提倡"思想革命"。现在他感到他的文章弄清了老实而不幸的青年的脑子和弄敏了他们的感觉，无非是使他们万一遭灾时来尝加倍的苦痛，同时给憎恶他们的人们赏玩这深深的苦痛，得到格外的享乐。

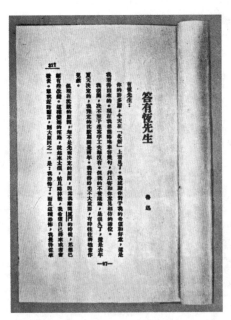

"血的游戏"对鲁迅的思想触动很大，在《答有恒先生》文中，他对自己做了深刻反省

鲁迅把这些青年比作中国筵席上鲜活的"醉虾"，把自己看作做这醉虾的帮手。他感到非常痛苦。鲁迅在《答有恒先生》一文中，公开表明了自己的这种思想变化。但他坚信革命是不会就此宗结的。他在为散文集《野草》所作的《题辞》中写道："地火在地下运行，奔突；熔岩一旦喷出，将烧尽一切野草，以及乔木，于是并且无可朽腐。"

尽管广州的环境是这样险恶，鲁迅还是与虐杀者进行斗争。他写了像《可恶罪》《小杂感》这样短小有力的杂文，揭露国民党新军阀残杀无罪之人的暴行和反革命两面派的嘴脸。又到夏期学术演讲会去讲《魏晋风度及文章与药及酒之关系》。这次演讲是国民党广州市教育局邀请的，难免有一定的侦察作用，但鲁迅讲得极其巧妙，借古讽今，却又让他们抓不到一点把柄。

鲁迅在离开广州前不久与许广平、蒋径三合影

《而已集》：收 1927 年所作杂文二十九篇，附录 1926 年杂文一篇，1928 年 10 月出版

9 月 27 日，鲁迅偕同许广平，坐上"山东号"轮船，离开广州，迎着风浪，向上海进发。

十四　从被围剿到被推崇

鲁迅赴光华大学演讲会场，1927 年 11 月摄

鲁迅来到上海之后，有许多学校想邀他去教书，他都谢绝了。因为据多年来的经验，他觉得教书和写作这两件事是势不两立的："作文要热情，教书要冷静。兼做两样的，倘不认真，便两面都油滑浅薄，倘都认真，则一时使热血沸腾，一时使心平气和，精神便不胜困惫，结果也还是两面不讨好。"[1] 所以在厦

鲁迅到达上海后第二天，与家人和朋友合影。前排左起：周建人、许广平、鲁迅；后排左起：孙福熙、林语堂、孙伏园

1　鲁迅：《两地书·六六》,《鲁迅全集》第十一卷，第187页。

景云里二十三号：鲁迅与许广平到上海后的第一处寓所，1927年10月8日入住

门的时候，他就很为今后的工作问题做过一番思考。鲁迅以为，他如写点东西，是于中国有好处的，不写也可惜；但如研究中国文学，大概也可以说出一点别人没有见到的话来，所以放下也似乎可惜。考虑的结果，他决定以后还不如做些有益的文章，至于研究，则于余暇时做。到上海之后，他除了在复旦大学、暨南大学、光华大学、大夏大学和立达学园等处做了几次演讲，并由于和劳动大学校长易培基有旧日的情谊，万不得已，在该校任教过一个多月之外，就不再教书，而全力从事译著工作，写下了大量的富有战斗性的文章。

在即将离开广州的时候，鲁迅曾对当时的文艺界做过一番分析："看现在文艺方面用力的，仍只有创造、未名、沉钟三社，别的没有，这三社若沉默，中国全国真成了沙漠了。"并说："创造社和我们，现在感情似乎很好。他们在南方颇受迫压了，可叹。"[1] 所以他到上海从事新的文艺运动的时候，一面提议把《莽原》改称《未名》，并打算移到上海来办，一面仍准备与创造社组成联合战线。恰好这时郑伯奇、蒋光慈等在郭沫若的

1　鲁迅：1927年9月25日致李霁野信，《鲁迅全集》第十二卷，第103页。

支持下，来访问鲁迅，提议大家联合起来，共同办一个刊物，提倡新的文学运动。这与鲁迅的想法不谋而合。鲁迅欣然同意，并主张不必另办刊物，可以恢复《创造周报》，作为共同园地，他将积极参加。这样，大家都很高兴，并且立即着手进行。于是在 1927 年 12 月 3 日的《时事新报》上刊登了一个《创造周报》复刊广告，由鲁迅领衔，郭沫若以麦克昂的化名居第二，并有蒋光慈、冯乃超等三十多人，共同列名为特约撰述员。

正在这个时候，创造社的另几个成员从日本回国了。他们竭力反对这种联合。据郭沫若回忆："他们以新进气锐的姿态加入阵线，首先便不同意我那种'退撄'的办法，认为《创造周报》的使命已经过去了，没有恢复的必要，要重新另起炉灶。结果我退让了。"[1] 再则，"对于和鲁迅合作的事情，大家都很冷淡"[2]。于是，刚刚开始的联合战线便告吹了。

创造社的新进分子不但不愿与鲁迅联合起来向旧营垒进攻，还对鲁迅展开了"笔尖的围剿"。先是说鲁迅"有闲，有闲，第三个有闲"，而"有闲即有钱"，是小资产阶级，忽而又说他是"布尔乔亚"——资产阶级，接着又升为"封建余孽"，且说是等于"猩猩"，最后则判定为法西斯蒂。而且还把其籍贯、家族、年纪以及牙齿的颜色都用来作为奚落的材料，如因他是绍兴人，就说他躲在酒缸后面醉眼陶然地看世界，因为他年老，就说他是"老生"，等等。与创造社同时对鲁迅进行围剿的，还有刚成立的太阳社。

1　郭沫若：《鲁迅与王国维》，《郭沫若全集》第二十卷，人民文学出版社，1982 年版，第 305 页。

2　郭沫若：《跨着东海》，《郭沫若全集》第十三卷，第 331 页。

叶灵凤的漫画:《鲁迅先生》

　　这里显然有宗派主义作怪,而且开启了理论争辩中无限上纲、乱扣帽子和施行人身攻击的恶风。但透过创造社的攻击要点和鲁迅讽刺性的回击看,双方实际上也有着文学主张上的分歧。那些"新进气锐"分子是受到苏联"拉普"和日本"纳普"文学理论的影响,要提倡"普罗文学",即"无产阶级革命文学",这种文学以宣传"普罗意识"为己任,一切从宣传需要出发,与"五四文学"大相径庭。比如"五四文学"针对过去的"瞒和骗"文艺,特别强调文学的真实性,要求作家写出社会实情来,而"普罗文学"则强调阶级性,认为生活真实要经过"普罗意识"的过滤,才能进入文学作品,也就是要服从于阶级意识宣传的需要;"五四文学"反对礼教对于个人的压抑,提倡个性解放,主张文学要表现个性,而"普罗文学"则强调阶级的群体意识，而将个性主义作为资产阶级思想加以批判。成仿吾写了一篇纲领性的文章《从文学革命到革命文学》，表明了两者的对立立场。所以，他们将矛头对准"五四文学"，将"五四文学"的领军人物鲁迅作为重点批判对象，也就不奇怪了。而鲁迅则坚守自己的现实主义文学主张，毫不退让。他反对"超时代"的口号，而要求作家正视现实，并列举了现实的黑暗、群众的麻木状况，批评革命文学家畏惧黑暗，掩藏黑暗，说他们欢迎喜鹊，憎厌枭鸣，只捡一点吉祥之兆来陶醉自己，于是就算超出了时代，其实，现实的黑暗仍旧存在，"你不过闭了眼睛"而已。同时，他也反对为了宣传阶级意识，而将文艺作品变成标语口号。他说："一切文艺固是宣传，而一切宣传却并非全是文艺，这正如一切花皆有色（我将白也算作色），而凡颜色未必都是花一样。革命之所以于口号，标语，布告，电报，教科书……之外，要用文艺者，就因为它是文艺。"他要求文艺"当先求内容的充实和技巧的上达，不必忙于挂招牌"[1]。

这样，在1928年就展开了一场"革命文学论争"。

在论争过程中，鲁迅虽然受到围攻，但他感到"一点不痛"，因为"解剖刀既不中腠理，子弹所击之处，也不是致命伤"。他深感革命文学家们的马克思主义理论修养之差，因为当时那些弄文学而又讲唯物史观的人，很少去读基本的理论书籍，常常是看几本别人的提要就算；而这提要，却又因作者的学识和思想不同，强调的侧面也就不一样，据此而进行论战，那真是糟糕透了。所以他希望有切实的人，肯译几部世界上已有定评的关于唯物主义的书，那么论争起来，可以省说许多话。鲁

1 　鲁迅：《文艺与革命》，《鲁迅全集》第四卷，第84—85页。

迅自己也着手做这方面的工作，他翻译了普列汉诺夫的《艺术论》，卢那卡尔斯基的《艺术论》《文艺与批评》，等等。他把自己这种翻译工作，比作普罗米修斯的窃火给人类："但我从别国里窃得火来，本意却在煮自己的肉的，……以及慢慢地摸出解剖刀来，反而刺进解剖者的心脏里去的'报复'。"[1]

　　这时，鲁迅接受了阶级论的观点，但他并不把阶级论搞得绝对化。他认为人的性格感情等因为受支配于经济，所以都带阶级性，但是"都带"，而并非"只有"。他更反对不分青红皂白地利用阶级斗争的理论来乱斗一气，使一般人将革命理解为非常可怕的事。他批评有些人摆着一种极"左"的凶恶面貌，好似革命一到，一切非革命者就都得死，令人对革命只抱着恐怖思想。他说，其实革命是并非教人死而是教人活的。他也仍然爱护青年，有些还是非革命的青年，只要他们向上，鲁迅就扶持他们成长，虽然常常受骗，而仍不止歇。1928年底，他还帮助几个青年成立了朝花社，而很快倒闭，就因为受了其中一个人欺骗之故。

海婴百日全家合影

1　鲁迅：《"硬译"与"文学的阶级性"》，《鲁迅全集》第四卷，第214页。

1929 年 9 月 27 日，鲁迅的儿子出生了。鲁迅与许广平原是师生关系，在反对北洋军阀政府的斗争中，结下了深厚的友谊，相互产生了爱情。他们一同离开北京，又一同在中山大学任职，因此很受到一些人的攻击。1927 年 10 月初，他们同到上海，就生活在一起，而先前大放流言的人们，却反而哑口无言了。鲁迅一向喜欢儿童，还尖锐地批判过传统的长者本位论，而鼓吹幼者本位论。现在，自己有了孩子，自然非常喜欢。因为是在上海生的婴儿，鲁迅就给他取名为海婴。鲁迅痛感自己小时候所受到的礼教的压迫，所以绝不愿再拿这些旧规矩去约束海婴，而让他自由、活泼地成长，使他在大人面前也没有拘束，不感到压抑。那时，有些人讥笑鲁迅的爱子之情，鲁迅作《答客诮》道：“无情未必真豪杰，怜子如何不丈夫，知否兴风狂啸者，回眸时看小於菟。”

《答客诮》诗，1932
年 12 月赠郁达夫。

鲁迅在这张照片上题字：“海婴与鲁迅，
一岁与五十”，1930 年 9 月 25 日摄

革命文学论争进行了一年有余，中国共产党领导层认为这种争论不应再继续下去，而希望左翼文艺阵营有一个统一的组织，可以与他们的政治斗争相呼应，于是在 1929 年底要求一些党员作家克服宗派主义，指示他们组织一个文艺团体，团结起来共同斗争。原创造社、太阳社的一些作家及其他一些左翼作家，就开始筹备左翼作家联盟。中共领导还指示他们去征求鲁迅的意见。冯乃超等人草拟了"左联"纲领，并征得了鲁迅的同意。左翼作家联盟很快就形成了，并将鲁迅作为旗帜。

　　1930 年 3 月 2 日，中国左翼作家联盟举行了成立大会，鲁迅在会上做了重要讲话。他针对当时许多左翼作家所存在的理论脱离实际、思想脱离现实的问题，特别提出了作家要深入实际，要与现实斗争相结合。鲁迅尖锐地指出："倘若不和实际的社会斗争接触，单关在玻璃窗内做文章，研究问题，那是无论怎样的激烈，'左'，都是容易办到的；然而一碰到实际，便即刻要撞碎了。"于是，"左翼"作家就很容易成为"右翼"作家。同时，鲁迅还提出了"今后应注意"的几点希望："第一，对于旧社会和旧势力的斗争，必须坚决，持久不断，而且注重实力。旧社会的根柢原是非常坚固的，新运动非有更大的力不能动摇它什么。""第二，我以为战线应该扩大。""第三，我们应当造出大群的新的战士。"这也具有现实的针对性。鲁迅还特别提出了无产阶级革命文学的目的性问题。他说："联合战线是以有共同目的为必要条件的。……而我们战线不能统一，就证明我们的目的不能一致，或者只为了小团体，或者还其实只为了个人，如果目的都在工农大众，那当然战线也就统一了。"

左翼作家联盟成立大会会址

1930 年 9 月 17 日"左联"在荷兰餐馆秘密为鲁迅庆祝五十寿辰时所摄

　　鲁迅这个讲话是切中时弊的，它对于当时的左翼文艺运动，具有重大的指导意义。可惜那些在"左"的旋涡里游不出来的左翼作家，并没有接受鲁迅的意见。鲁迅只是他们可以利用的一块招牌而已。鲁迅对于自己的处境，其实也很明白，但他另有考虑，还想扶持一批青年作家。所以在与章廷谦的通信中才有"梯子"之论："中国之可作梯子者，其实除我之外，也无几了。所以我十年以来，帮未名社，帮狂飙社，帮朝花社，而无不或失败，或受欺，但愿有英俊出于中国之心，终于未死，所以此次又应青年之请，除自由同盟外，又加入左翼作家联盟，于会场中，一览了荟萃于上海的革命作家，然而以我看来，皆茄花色，于是不佞势又不得不有作梯子之险，但还怕他们尚未必能爬梯子也。哀哉！"[1]

1　鲁迅：1930 年 3 月 27 日致章廷谦信，《鲁迅全集》第十二卷，第 226—227 页。

鲁迅在景云里寓中

十五　怒向刀丛觅小诗

20, 口月, 1931, 上海.

1931 年 4 月 20 日，在编完《前哨》"纪念战死者专
号"后，鲁迅与冯雪峰两家人合影

中国左翼文艺运动的出现，对于当时的文坛和政坛都是一种挑战，所以一开始，就受到了攻击和压迫。鲁迅不得不为保卫这个运动而战斗。

　　在文字上，最先发动进攻的，是感觉敏锐的文人学者。新月社的批评家梁实秋就公开撰文指责革命作家"只是一味的'不满于现状'"，而且否定他们的阶级理论，说是一个资本家和一个劳动者，"他们的人性并没有两样"，例如都有喜怒哀乐，都有恋爱，"文学就是表现这最基本的人性的艺术"。无产阶级文学理论的错误，就是"在把阶级的束缚加在文学上面"。而且认为"好的作品永远是少数人的专利品，大多数永远是蠢的，永远是和文学无缘的"。

　　这种理论，显然是要作家接受现状，消除不满，而且从根本上否定了文学的阶级性和大众文学。所以必然遭到左翼作家的反击。鲁迅撰文反驳道："文学不借人，也无以表示'性'，一用人，而且还在阶级社会里，即断不能免掉所属的阶级性，无需加以'束缚'，实乃出于必然。自然，'喜怒哀乐，人之情也'，然而穷人决无开交易所折本的懊恼，煤油大王那会知道北京捡煤渣老婆子身受的酸辛，饥区的灾民，大约总不去种兰花，像阔人的老太爷一样，贾府上的焦大，也不爱林妹妹的。'汽笛呀！''列宁呀！'固然并不就是无产文学，然而'一切东西呀！''一切人呀！''可喜的事来了，人喜了呀！'也不是表现'人性'的'本身'的文学。倘以表现最普通的人性的文学为至高，则表现最普遍的动物性——营养，呼吸，运动，生殖——的文学，或者除去'运动'，表现生物性的文学，必当更在其上。倘说，因为我们是人，所以以表现人性为限，那么，无产者就因为是无产阶级，所以要做无产文学。"并且指出："例如梁先生的这篇文章，原意是在取消文学上的阶级性，张扬真理的。但以资产为文明的祖宗，指穷人为劣败的渣滓，只要一瞥，就知道是资本家的斗争的'武器'，——不，'文章了'。"[1]从而揭露出了论敌的虚伪性。

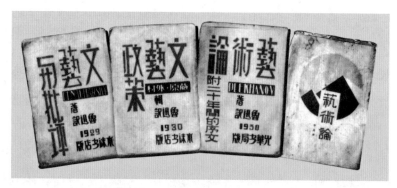

鲁迅后期所译的几种苏联文艺理论著作

梁实秋在反对文学阶级性的同时，还专门写了一篇文章攻击鲁迅所译的革命文学理论书籍，题目叫《论鲁迅先生的"硬

---

1 鲁迅：《"硬译"与"文学的阶级性"》，《鲁迅全集》第四卷，第208、210页。

译"》。他举出了卢那卡尔斯基的《艺术论》和《文艺与批评》两个译本，说："我读这两本书的时候，真感觉文字的艰深。读这样的书，就如同看地图一般，要伸着手指来寻找句法的线索位置。"所以认为"硬译"等于"死译"。照他看来，译文只要能够懂，译错一点不要紧，因为"一部书断断不会从头至尾的完全曲译，一页上就是发现几处曲译的地方，究竟还有没有曲译的地方；并且部分的曲译即使是错误，究竟也还给你一个错误，这个错误也许真是害人无穷的，而你读的时候究竟还落个爽快"。这

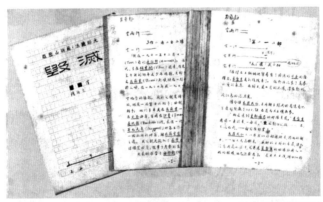

鲁迅后期所译的部分俄苏作品

"爽快"二字，很引起鲁迅的反感。因为鲁迅译书，从来不图爽快，他要的是准确，使读者有益。目的不同，所以方法也就两样。鲁迅并不认为他的译文是没有缺点的，在《文艺与批评》的译者附记里，就说："但因为译者的能力不够和中国文本来的缺点，译完一看，晦涩，甚而至于难解之处也真多。"但是，他为什么一直坚持直译的主张呢？首先，是为了能正确地表达原著精神；其次，在文字上能保存原来文法、句法、词法的特点。这也是要吸取外国的东西，对中国语文加以丰富和发展的意思。

但关于"硬译"问题的争论，关键并不在于翻译方法上的分歧，而是对传播马克思主义文艺理论的态度问题。因为当时整个翻译界对这方面书籍的翻译水平都不高，只有直译才能较多地保存原著的精神。所以鲁迅并不把这个问题看作孤立的现象，而认为是新月派的有组织的行动，是登在同一期刊物上的同一批评家所作的《文学是有阶级性的吗？》的余波。所以他把这两个问题放在一起加以批判，写了《"硬译"与"文学的阶级性"》。后来还有两次关于"硬译"问题的争论，都是这次争论的延续，那种"与其信而不顺，不如顺而不信"的主张，也正是梁实秋的"硬译"不如"曲译"理论的翻版，所以鲁迅对之继续加以揭露和讽刺。

左翼作家与梁实秋之争，开始还在学理范围之内，后来双方都越界了。梁实秋诬陷左翼作家"拿卢布"，冯乃超则说梁实秋是"资产阶级走狗"。梁实秋反诘道：他是属于哪一个资本家？"我若知道，我一定要带着几份杂志去到主子面前表功，或者还许得到几个金镑或卢布的赏赉呢。"于是鲁迅接着写了一篇《"丧家的""资本家的乏走狗"》。说梁实秋不知道"主子是谁"，那就证明他是"丧家的""资本家的走狗"。而梁实秋作为一个文艺批评家，却在文章里很巧妙地插进"到××党去领卢布"的字样，揭示论敌是共产党，借此以济其"文艺批评"之穷罢了，所以从"文艺批评"方面看来，就还得在"走狗"之上，加上一个形容字："乏"。对于这篇文章，后之论者颇多非议，认为这种骂话很不足道。的确，鲁迅骂得很尖刻，但比起梁实秋的可置人于死地的政治陷害——"领卢布"来说，这只不过是尖刻而已。脱离具体的论战环境，而专意指责某一方，是不公道的。

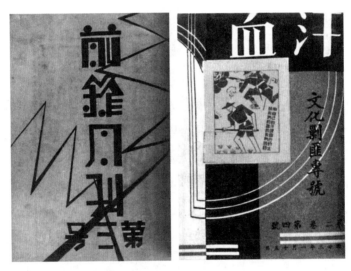

"民族主义文学"派的几种刊物

继而，国民党的官员潘公展又出马纠集了一批文化特务、流氓暗探、御用文人，组成一支所谓"民族主义文学"的队伍，杀上阵来了。1930年6月，出版了《前锋周报》，10月，又出版了《前锋月刊》，此外还有《汗血》周刊等。他们发表宣言，刊登作品，打着"民族主义文学"的旗号，攻击"普罗文艺运动"。说是要用刀和剑来对付"马克思列宁的养子们"！鲁迅写了《"民族主义文学"的任务和运命》一文，加以揭露和批判。文章指出，"民族主义文学"是属于宠犬派文学，目的是要打死反帝国主义即反政府，或仅有些不平的人民。而那些"民族主义文学家"，则在这个旗帜之下，来和主人一同做一回最后的挣扎。

"民族主义文学"虽有国民党政府做后台，霸占书店，出版许多杂志，但无奈群众总不买他们的账。最有妨碍的是这种"文学"的主持者是潘公展和朱应鹏，一个是上海市的政府委员，一个是警备司令部的侦缉队长，他们的善于"解放"——这是对"死刑"的嘲弄的名称——的名誉，都比"创作"要大得多。所以鲁迅讽刺道："他们倘做一部'杀戮法'或'侦探术'，大约倒还有人要看的，但不幸竟在想画画，吟诗。"这还有谁敢于问津呢？统治者也知道走狗文人不能抵挡无产阶级革命文学，于是他们使出了最末的一手，就是高压政策。1929年，国民党中宣部颁布了《宣传品审查条例》；1930年，国民党政府颁布了《出版法》；1931年，又颁布《出版法施行细则》。其中明文规定，凡"宣传共产主义及阶级斗争者""攻击本党主义政纲政策及决议案者"，都属于"反动宣传品"。国民党政府根据这些法令和条例，查禁了很多左翼的报纸杂志，封闭了一批出版、发售左翼报纸杂志的书店。后来有些书店启封了，条件是不出左翼书刊，而出他们的书刊。比如，现代书店启封的条件，就是辞退原副经理，接受国民党上海市党部委派的总编辑，并出版他们的刊物：《现代文学评论》《前锋周报》《前锋月刊》等。鲁迅在1930年11月19日致崔真吾信中说："今年是'民族主义文学'家大活动，凡不和他们一致的，几乎都称为'反动'，有不给活在中国之概，所以我的译作是无处发表，书报当然更不出了。"这样，左翼作家的生活当然就大受影响。北新书局被封之后，鲁迅于生计亦"颇感恐慌"。这是当权者在经济上给左翼作家所施的打击。

当时报上有关查禁图书、逮捕书店经理的报道

那时，淞沪警备司令部还设立了一个"邮政检查委员会"，任意检查、扣留信件和书刊。鲁迅寄给友人的刊物，常常不见了，友人寄来的书报，也常常中途被截。对于苏联寄来的东西，他们查得特别严。有一次，鲁迅收到曹靖华从苏联寄来的《木版雕刻集》，第二本附页的列宁像不见了，而包上则有"淞沪警备司令部邮政检查委员会验讫"的印记。

有封锁，必有反封锁。两者在犬牙交错的斗争中进行。鲁迅还是通过各种渠道，热情地介绍苏联的文艺作品。1930 年 4 月，鲁迅应神州国光社约请，编了一套新俄文艺作品丛书，原定十种，名为"现代文艺丛书"，但出版了卢那卡尔斯基的《浮士德与城》（柔石译）和雅各武莱夫的《十月》（鲁迅译）等四本之后，就因当局的压迫加紧，书店感到害怕而要求解约了。

其他书店也不敢再承印这类书籍。但鲁迅并没有停止介绍苏联文艺，他自己出资，以"三闲书屋"的名义，出版了曹靖华译的绥拉菲摩维支的《铁流》，并再版了他自己翻译的法捷耶夫的《毁灭》，通过日本人开设的内山书店等途径，让这些反映苏联革命的作品，源源不断地流入读者手中。

单是禁止还不够，国民党政府又使出更狠毒的一手：对左翼作家通缉、逮捕。1930年4月19日，鲁迅因遭"秘密通缉"，烧掉了朋友的信件，弃家出走，暂避在内山完造家中。此次事件，是因2月间签名于"中国自由运动大同盟"而引起的，浙江省党部就呈请国民党中央通缉"堕落文人"鲁迅等五十一人。自由运动大同盟是"立三路线"刚抬头时搞的，鲁迅并不赞成这种做法，他认为这种同盟一成立就会马上被解散，除发个宣言之外，是无法做什么事的。但因为同情于受迫害者，当共产党中央派人来谈，要他作为发起人之一时，他仍然答应了，并且出席了成立大会。事情果不出鲁迅所料，自由大同盟很快就遭到了严重的压迫，无法活动。中共中央当时的实际负责人李立三又约鲁迅谈话，要他发表宣言，拥护共产党的政治主张。但鲁迅不同意这种赤膊上阵的做法，他一向主张采取散兵战、堑壕战、持久战等战术，所以当场就予以拒绝了。他曾对人说："要我发表宣言很容易，可对中国革命有什么好处？那样我在中国就住不下去，只好到外国去当寓公。在中国我还能打一枪两枪。"但当他遭受通缉时，他是绝不屈服的。那时，有人劝鲁迅发表声明，退出自由大同盟，鲁迅说："我要以强硬的方式来对付。我绝不发表这样的声明。"他后来用隋洛文、洛文、乐雯等笔名，就是对这个通缉令的讽刺。直到逝世前不久，有人为政府当局做说客，说打算取消通缉令，想预先得到鲁迅的谅解。

鲁迅断然加以拒绝，说：我的余命已经不长，所以，至少通缉令这东西是不妨仍旧让他去的。

被国民党政府秘密杀害于龙华的"左联"五烈士：①胡也频②柔石③殷夫④冯铿⑤李伟森。当时刊登在《文艺新闻》上

随着军事"围剿"的进行，"文网"也收得更紧了。1931年1月17日，柔石、殷夫、胡也频、冯铿、李伟森五位革命作家和其他一些共产党员一起，在上海东方旅社参加秘密会议时，被帝国主义巡捕逮捕了。柔石在被捕的前一天，曾应明日书店之托，来与鲁迅接洽出版他的译著之事，并问版税办法，鲁迅便将他和北新书局所订的合同，抄了一份交给柔石。柔石被捕时，衣袋里还藏着那份印书合同，听说官厅因此正在找寻鲁迅。鲁迅得到友人的通知，就烧掉了朋友们的旧信札，和许广平抱着海婴，躲避到一个日本人开的花园庄旅馆里。不几天，鲁迅即听得外面纷纷传说他已被捕，或是被杀了。鲁迅知道，这是上海一班文坛小丑所为，他们是欲乘机陷害以自快慰。鲁迅自

到上海以来，久已受到一班无聊文人造谣诬陷，如忽而开书店，忽而月收版税万余元，忽而得中央党部文学奖金，忽而收苏俄卢布，忽而往莫斯科，忽而被捕等。其实，这些人造谣的目的，是为当局制造借口，陷害鲁迅。文人一摇笔，用力甚微，而对鲁迅之危害却很大。谣言愈传愈广，传到外地亲友的耳朵里，"老母饮泣，挚友惊心"，十多天来，鲁迅日日以发信更正为事，岂不悲哉！而且，谣言是足以杀人的，危险正包围着鲁迅。当时，有个学生来信请鲁迅赴日本避难，他回信说："生丁此时此地，真如处荆棘中，国人竟有贩人命以自肥者，尤可愤叹。时亦有意，去此危邦，而眷念旧乡，仍不能绝裾径去，野人怀土，小草恋山，亦可哀也。"[1]鲁迅深深地热爱着祖国，热爱着人民，当此危难之际，他绝不肯去国远避，而决意在国内坚持斗争。

花园庄旅馆：柔石等被捕后，鲁迅避难处

1　鲁迅：1931 年 2 月 18 日致李秉中信，《鲁迅全集》第十二卷，第257—258 页。

鲁迅自己处在危险之中，但很记挂柔石等人的安危。而柔石等人的消息却很少。但忽然得到一个可靠的消息，说柔石和其他二十三人，已于2月7日夜或8日晨，在龙华警备司令部被枪毙了，柔石身上中了十弹。

在一个深夜里，鲁迅站在花园庄旅馆的院子中，周围是堆着的破烂的什物；人们都睡觉了，连同他的爱人和孩子。他沉重地感到自己失掉了很好的朋友，中国失掉了很好的青年，他在悲愤中沉静下去了，然而积习却从沉静中抬起头来，作成了这样的诗句：

> 惯于长夜过春时，挈妇将雏鬓有丝。
> 梦里依稀慈母泪，城头变幻大王旗。
> 忍看朋辈成新鬼，怒向刀丛觅小诗。
> 吟罢低眉无写处，月光如水照缁衣。

在避难中，鲁迅写下了这首《无题》诗，表达出他的悲愤之情和继续斗争的决心

2月28日，鲁迅回到了寓所。不久，他与冯雪峰一起秘密出版了《前哨》创刊号"纪念战死者专号"，并在上面写了两篇文章：《中国无产阶级革命文学和前驱的血》与《柔石小传》。鲁迅说："中国的无产阶级革命文学在今天和明天之交发生，在诬蔑和压迫之中滋长，终于在最黑暗里，用我们的同志的鲜血写了第一篇文章。"他谴责国民党当局逮捕、杀戮左翼作家，而且至今并未宣布，说："这一面固然在证明他们是在灭亡中的黑暗的动物，一面也在证实中国无产阶级革命文学阵营的力量。""我们的这几个同志已被暗杀了"，"但无产阶级革命文学却仍然滋长，因为这是属于革命的广大劳苦群众的，大众存在一日，壮大一日，无产阶级革命文学也就滋长一日"。

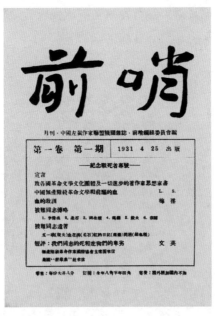

鲁迅与冯雪峰秘密出版的《前哨》创刊号："纪念战死者专号"

5 月间，鲁迅又为美国《新群众》杂志写了《黑暗中国的文艺界的现状》，向全世界揭露了国民党当局文化"围剿"种种卑劣和残酷的手段。鲁迅怀着深厚的革命感情，一直纪念着柔石等人。当《北斗》杂志创刊时，鲁迅选了一幅珂勒惠支的版画《牺牲》发表，这是他对于柔石的无言的纪念。两年以后，他又写了《为了忘却的记念》来纪念他们。直到逝世前半年，还在致颜黎民信中说："至于看桃花的名所，是龙华，也有屠场，我有好几个青年朋友就死在那里面，所以我是不去的。"

鲁迅为《北斗》杂志创刊号所选的珂勒惠支的版画《牺牲》，这是对柔石等无言的纪念

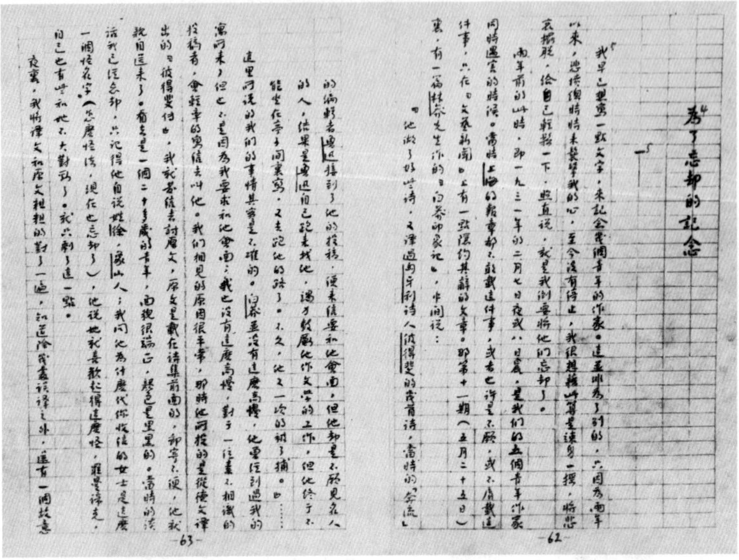

1933 年 2 月 7—8 日，鲁迅又写了《为了忘却的记念》，悼念两年前牺牲的烈士们

十六　国难声中

鲁迅在漫谈会上的特写照片

蒋介石对内镇压、对外妥协的结果是，日本帝国主义打进来了。

1931年9月18日，日本侵略军发动了"九一八"事变。中国军队在不准抵抗的命令下，一夜之间，放弃了沈阳，两月之内，东北三省沦陷。两百万平方公里的沃土，无穷的资源宝藏，听凭日军占领，三千万同胞在日军的铁蹄下呻吟。

"九一八"事变，激起了中国人民更大的反抗斗争，出现了汹涌澎湃的救亡运动。东北人民组织了抗日义勇军，进行武装斗争；全国各界人士，纷纷谴责蒋介石的不抵抗主义。

但是，在这"国难声中"，却出现了许多怪现象。国民党头目胡汉民跑到上海，告诫青年要养"力"，勿使"气"。上海报上加以引申，说："要强身祛悲观，须先心花怒放，大笑一次。"而这样能引人"心花怒放"的宝贝就是一部美国旧影片，将探险滑稽化以博小市民一笑的《两亲家游非洲》。至于真的"国难声中的兴奋剂"呢，那是"爱国歌舞表演"，他们自己说，"是民族性的活跃，是歌舞界的精髓，促进同胞的努力，达到最后的胜利"。而上海警备司令部的侦缉队长朱应鹏，则纠集了一些人，在东亚食堂"略进茶点，即开始讨论，颇多发挥"，组织

鲁迅在北四川路寓所中

了"上海文艺界救国会"。还有些商人在为自己的商品做广告，说是服了某公司的药品，就可恢复健康，一旦国家有事，即可"身列戎行""灭此朝食"……鲁迅指出，这些都是多年停滞在池塘里的沉滓，恰如用棍了搅了一下，就都翻着筋斗漂上来，在水面上转一个身，来趁势显示自己的存在。但"沉滓又究竟不过是沉滓，所以因此一泛，他们的本相倒越加分明，而最后的运命，也还是仍旧沉下去"[1]。

当时还出现了中国式的"堂吉诃德"。一批青年组织了"援马团"，穿着夹袄，要一步一步地走到冰天雪地的东北去援助马占山将军抗战。但他们没有兵器，偏只着重精神，在一片欢呼的送别之后，他们却停在常州玩梳篦了。此外，画报上继时装女照之后，趁势又出现了白长衫的看护服和托枪的戎装的女士们……鲁迅认为，这简直是做戏，"练了多年的军人，一声鼓响，突然都变了无抵抗主义者。于是远路的文人学士，便大谈什么'乞丐杀敌''屠夫成仁''奇女子救国'一流的传奇式古典，想一声锣响，出于意料之外的人物来'为国增光'"[2]。然而，做事与做戏，是应该分开来的，"雄兵解甲而密斯托枪"虽然富于戏剧性，却难以抵挡日本军队的侵略。当然，也有许多切实的做事者。12月间，全国各地学生为了反对蒋介石的不抵抗政策，纷纷到南京请愿，却受到军警的逮捕和枪杀，国民党政府还给他们加以"捣毁机关，阻断交通，殴伤中委，拦劫汽车……"的罪名，而且说是"友邦人士，莫名惊诧，长此以往，国将不国"了！

1　鲁迅：《沉滓的泛起》，《鲁迅全集》第四卷，第333页。
2　鲁迅：《新的女将》，《鲁迅全集》第四卷，第344页。

鲁迅坚决支持学生的爱国行动，马上写了《"友邦惊诧"论》，对国民党政府及其"友邦"加以无情的揭露：

　　好个"友邦人士"！日本帝国主义的兵队强占了辽吉，炮轰机关，他们不惊诧；阻断铁路，追炸客车，捕禁官吏，枪毙人民，他们不惊诧。中国国民党治下的连年内战，空前水灾，卖儿救穷，砍头示众，秘密杀戮，电刑逼供，他们也不惊诧。在学生的请愿中有一点纷扰，他们就惊诧了！

　　好个国民党政府的"友邦人士"！是些什么东西！

　　由于国民党政府继续实行不抵抗主义，而蒋介石又提出了"攘外必先安内"的国策，日本帝国主义的侵略逐步深入了，不但进逼华北，而且在上海挑衅。1932 年 1 月 28 日夜，驻上海的日本海军陆战队开始军事行动，首先占领天通庵车站，继而向北站、江湾、吴淞行动。当时驻在淞沪的以蔡廷锴为军长的十九路军，在全国抗日热潮的推动下，在上海人民的支持下，进行了英勇的抗战，在北站、天通庵一带与日军激战。

　　这时，鲁迅已移居北四川路底之拉摩斯公寓（今北川公寓）三楼，地近天通庵，窗口正对日本海军陆战队的司令部。当晚鲁迅正伏案写作，突然电灯全部熄灭，只见司令部的大院里人头拥挤，许多机车队向南急驰而去，未几就隐隐听到枪声。他与许广平跑到晒台上看，只见红色火线穿梭般地在头顶掠过。他们急忙退至楼下。就在临街的大厅里，鲁迅的书桌边，一颗子弹已洞穿而入。这时，形势非常危急，"血刃塞途，飞丸入室，真有命在旦夕之概"。

　　天色微明，日本军队又来强行检查，说这个公寓里有人向

1930年5月12日，鲁迅从景云里迁居北四川路底拉摩斯公寓 A 三楼四号。"一·二八"事变时陷入火线中

他们的司令部开枪，更加弄得人心惶惶。但鲁迅终于在内山完造的帮助下，带着自己一家和周建人一家大小，匆匆弃家出走，暂住内山书店楼上。他们用厚棉被遮住窗户，在暗黑沉闷的时日里，度过了整整一星期。

就在这样的情况下，鲁迅仍坚持斗争，他与茅盾、叶圣陶、郁达夫等人联合发表了《上海文化界告世界书》，表示："坚决反对帝国主义瓜分中国的战争，反对加于中国民众反日反帝的任何压迫，反对中国政府的对日妥协，以及压迫革命的民众。"

日本人内山完造开的内山书店

内山完造在"一·二八"事变和白色
恐怖的日子里，常给鲁迅以帮助

　　2月6日，鲁迅又带着两家人迁避到英租界内山书店支店，
"十人一室，席地而卧"。这样又住了一个星期，海婴忽然出疹子
了。鲁迅急忙搬到大江南饭店，原以为这里有汽炉取暖，利于海
婴出疹，而不料炉中并无汽，屋冷如前寓而费钱却多。但海婴居
然如居暖室，疹状良好，至18日而痊愈。此时，上海的抗战又
被蒋介石出卖，战事停止了。19日，鲁迅回到拉摩斯公寓家中。
只见北四川路一带，市廛家屋，或为火焚，或为炮毁，行人寥
寥，颇为荒凉。鲁迅家中门窗被弹片毁了三四个洞，玻璃碎了十
余块，偷儿惠临，窃去衣物二十多件，独有书籍纸墨依然如故，
鲁迅感叹道："亦可见文章之不值钱矣。"但劫后余物，却令人更
加宝贝，好像大病新愈的人，偏比平时更要照照自己的脸似的，
鲁迅于是东翻西觅，着手编辑四年来的杂文，分为二集：《三闲
集》和《二心集》，并各写了序言，阐述自己的思想发展情况。

《三闲集》：收 1927—1929 年所作杂文三十四篇，1932 年 9 月出版

《二心集》：收 1930—1931 年所作杂文三十七篇，附译文一篇，1932 年 10 月出版

　　11 月 9 日，鲁迅接到北平来电，"云母病速归"。11 日上午，他就匆匆启程北上省亲，到家之后，"见母亲已稍愈"，他才稍为放心。在北平期间，鲁迅应老朋友和青年学生之邀，做了五次演讲：11 月 22 日在北京大学第二院讲《帮忙文学与帮闲文学》；同日，又往辅仁大学讲《今春的两种感想》；24 日在北京女子文理学院讲《革命文学与遵命文学》；27 日在北京师范大学讲《再论"第三种人"》；28 日在中国大学讲《文艺与武力》。这就是著名的"北平五讲"。无数青年听说鲁迅来演讲，他们课也不上了，工作也放下了，冒着风沙，跑很远的路来听讲。几次演讲原来都布置在大的礼堂或屋子里，但来的人实在太多了，怎么也挤不下，只好搬到广场上。鲁迅在狂风和严寒中，站在木方桌上，向四围拥挤的人群讲话。在这些演讲里，他批判了当局对内镇压对外妥协的"攘外必先安内"政策，揭露了帮忙文人和帮闲文人的丑恶嘴脸，并直言自己对于普罗文学的看法。

1932 年 11 月，鲁迅在北京师范大学广场做《再论"第三种人"》的演讲

这几次演讲，对于当时日军迫近榆关、刺刀已对着胸口的华北学生来说，起了很大的鼓舞作用。鲁迅本来打算把"北平五讲"与几篇批判上海滩上无耻文人的文章合在一起，出一本《五讲三嘘集》，与《南腔北调集》相对称，但因记录稿错误太多，有些地方甚至与原意相反，"改起来非重写一遍不可"，而终因其他工作太忙而未果。

在北平期间，鲁迅还多次会见了北方左翼文化团体的代表，了解他们的活动情况。鲁迅充分肯定了他们同"泥脚子"（农民）结合在一起，反对国民党的法西斯暴政、从事抗日运动的做法。但他反对"左"倾机会主义者要求作家去散传单、写口号、参加飞行集会、游行示威的做法，认为作家应该用笔作为主要战斗武器，作家用作品进行战斗并不是什么"作品主义"。鲁迅还提出要纠正"关门主义"，叫他们胸襟还要宽一点，多团结一些要求进步和作风严肃、正派的老作家、老教授，同时又要他们不要迷信名人，要注意培养新的力量。

28日傍晚，鲁迅离开北平，乘车回上海。

"九一八"事变之后，民族矛盾上升为主要矛盾。在日本炸弹的威力圈及于全中国的时候，为了民族的利益，许多人的政治态度发生了变化，他们不满于国民党政府的不抵抗主义，开始了反对蒋介石的活动。十九路军对于日军的抵抗，《申报》的宣传抗日救亡，都反映了这种新的变化。在新的形势下，革命者应该采取广泛的统一战线，反对专制统治，推动抗日救亡运动向前发展。1933年1月，鲁迅参加宋庆龄、蔡元培等人发起的"中国民权保障同盟"，反对国民党政府对革命者的监禁、酷刑和处决制度，要求给政治犯以法律援助，积极营救被捕的革命同志。同时，因《申报》的政治态度有所转变，在副刊《自由谈》实行改组之后，鲁迅开始为之撰稿，利用这块合法的阵地，公开揭露国民党政府的不抵抗政策、逃跑主义和对革命人民的残酷的血腥镇压，并扫荡各色"叭儿文人"。

鲁迅和中国民权保障同盟的战友们：左一为鲁迅，右一为宋庆龄

1933—1934 年，鲁迅用各种笔名在《申报·自由谈》上发表了一百三十多篇文章，揭露国民党政府的不抵抗主义及种种丑恶的社会现象

《南腔北调集》：收入鲁迅 1932—1933 年所作杂文五十一篇，1934 年 5月出版

十七　于无声处听惊雷

鲁迅与杨杏佛（中）、李济之（中国民权保障同盟北平分会副主席）合影，摄于 1933 年 4 月 24 日

在"攘外必先安内"政策的指导下，国民党的飞机飞不到抗日前线，却把炸弹落到手无寸铁的人民的头上；他们的军队，"为战略关系"，退出一道道抗日防线，却去包围共产党的苏区根据地。于是，一方面是榆关失守，北平吃紧；另一方面则白色恐怖加重，大肆捕杀共产党人、左翼作家和革命群众，甚至对那些并不赞成共产主义，仅反对不抵抗主义的社会人士以至国民党人，也大开杀戒。1933 年 6 月 18 日，蓝衣社特务刺杀了中国民权保障同盟副会长兼总干事杨杏佛；1934 年 11 月 13 日，《申报》馆负责人史量才又被刺杀在沪杭公路上。白色恐怖笼罩了整个中国。

刺杀杨杏佛，是对宋庆龄和蔡元培的警告，也是对鲁迅的警告。因为这三个人在国内外影响太大，国民党还有所顾忌，所以先从杨杏佛下手，而鲁迅等人也早已上了黑名单。鲁迅是明白这情况的，但他也意识到，这是一场关系到国家命运的斗争，所以绝不退避。"否则，一群流氓，几支手枪，真可以治国平天下了。"

在杨杏佛入殓的那天，国民党特务又传出了威胁的风声，说就要在这一天暗杀中国民权保障同盟中其他的人。林语堂就吓得不敢去，但鲁迅毫不犹豫地去送殓，并且出门时不带钥匙，以示牺牲的决心。那天，宋庆龄、蔡元培、许寿裳也都去了，表现得很坚决。鲁迅说："这种时候就看出人来了。"

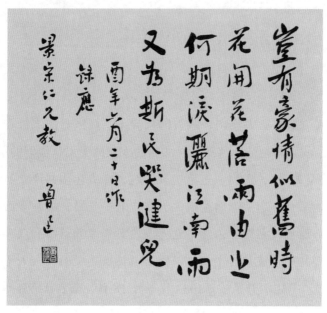

鲁迅手书《悼杨铨》诗，录赠许广平

对于杨杏佛（杨铨）的死，鲁迅是很悲痛的，感怀时事，同时又很愤慨。入殓那天，下着大雨，天地为之惨容，鲁迅送殓回去，写成一首七绝《悼杨铨》：

岂有豪情似旧时，花开花落两由之。
何期泪洒江南雨，又为斯民哭健儿。

杨杏佛的被刺，不但没有吓倒鲁迅，反而激起他加倍的斗争激情。6月25日，他在致日本友人山本初枝的信中说："近来中国式的法西斯开始流行了。朋友中已有一人失踪，一人遭暗杀。此外，可能还有很多人要被暗杀，但不管怎么说，我还活着。只要我还活着，就要拿起笔，去回敬他们的手枪。"

这种中国式法西斯的流行，一方面有本国的传统，另一方面，也深受国际法西斯主义的影响。1933 年，是德国希特勒法西斯党上台的一年，他们的党卫军疯狂残杀和迫害进步文化人士，大量焚毁进步书籍报刊。5 月 13 日，鲁迅与宋庆龄等人联名签署《为德国法西斯压迫民权摧残文化的抗议书》，并亲赴德国驻上海领事馆递交这份抗议书。

蒋介石本受日本军国主义的影响很深，此时，更向德国法西斯主义学习，又是派人到德国学习特务统治术，又是请德国教官来训练他的军队，并且在报刊上大肆宣传希特勒和墨索里尼。禁书、焚书、捕人、杀人，有增无减，全武行地大打出手：捣毁影片公司、警戒电影院、击碎书店玻璃窗、冲入总发行所……鲁迅发表了《华德保粹优劣论》和《华德焚书异同论》，就点出了个中关系。

鲁迅说，据他的经验，他在受着武力征伐的时候，是同时一定要被文力征伐的。1933 年，他在《申报·自由谈》上开始发表短评不久，就受到"叭儿文人"们的攻击。因为鲁迅这些文章的特点，"是在论时事不留面子，砭锢弊常取类型"，论时事则触犯时忌，取类型则相像的人很多，见者不察，以为专门在讽刺他，于是就必欲置作者于死地了，造谣、诬蔑，无所不用其极。一会儿说鲁迅拿卢布，一会儿又改说鲁迅拿日元，给日本政府送情报。鲁迅在《申报·自由谈》上发表文章，用的是何家干等笔名，也被揭露和告发，后来甚至把别人的文章也当作是鲁迅写的，而狂吠一通。到 5 月初，对于《申报·自由谈》

的压迫逐日严紧起来，鲁迅的文章就接连不能发表了。5 月 25 日，《申报·自由谈》编者刊出启事，说："吁请海内文豪，从兹多谈风月，少发牢骚，庶作者编者，两蒙其休。"其实，鲁迅本来就并不以为《申报·自由谈》真的有什么自由，他并不想在这上面自由驰骋。但要从一个题目限制作家，那是不能够的。鲁迅说："月白风清，如此良夜何？"好的，风雅之至，举手赞成，但同是涉及风月的，"月黑杀人夜，风高放火天"呢，不明明是一联古诗么？有趣的是，谈风云的人，风月也谈得，谈风月就谈风月罢，当然仍然不能符合统治者的"尊意"。鲁迅于是改换了种种笔名，继续在《申报·自由谈》上写稿，继续揭露当局的反动措施及其帮忙、帮闲文人的迎合手段。他把这一年在《申报·自由谈》上发表的短评，收成两本集子，名曰《伪自由书》和《准风月谈》，就是讽刺国民党统治者的文化专制政策的。

《伪自由书》：收 1933 年 1—5 月在《申报·自由谈》上所写的杂文三十四篇，1933 年 10 月出版

《准风月谈》：收 1933 年 6—11 月所写的杂文六十四篇，1934 年 12 月出版

在这段白色恐怖严重的日子里，鲁迅与瞿秋白结下了战斗友谊。瞿秋白原来是中共中央的领导人，1931年1月，在中共六届四中全会上受到王明路线的打击、排挤，这以后有三年时间，他秘密地住在上海养病。1931年夏天开始，自动地参与左联的领导工作，并译著了大量的马克思主义的文艺理论和作品。

鲁迅从冯雪峰那里知道瞿秋白从事文艺活动的情况，并听说他对自己从日文转译的几种马克思主义文艺理论著作的译文提了意见，急忙说："我们抓住他！要他从原文多翻译这类作品！以他的俄文和中文，确是最适宜的了。"又说："马克思主义的文艺理论，能够译得精确流畅，现在是最要紧的了。"1931年底，鲁迅和瞿秋白就翻译问题进行通信讨论；1932年春末夏初，他们见了面，谈得很投机。此后，他们共同从事左翼文艺运动，并肩作战，打击敌人。瞿秋白有三次遇到危险，都到鲁迅家避难，受到鲁迅一家人的欢迎；有一段时期，他还住在鲁迅家附近的东照里，时相往还，讨论问题，有时还协作撰写杂文。

瞿秋白、杨之华夫妇

1933 年 2 月 17 日，英国作家萧伯纳乘周游世界的轮船到达上海，很受到上海文氓和各国记者的攻击；鲁迅应邀到宋庆龄宅与萧共进午餐，还拍了照，因此也受到了奚落。

但鲁迅是喜欢萧的，因为"他往往撕掉绅士们的假面"，而且，"被我自己所讨厌的人们所讨厌的人，我有时会觉得他就是好人物"。看看各个系统的报纸上对萧的报道，有趣极了。同是一句话，英系报、日系报、白俄系报、蒋系报的报道就不同，各个朝有利于自己的方面歪曲。萧伯纳简直成了各种政治立场的凹凸镜，各方面都想借他照耀自己的"粗壮""圆转"，而把别人照成扁塌的矮子。其实，他们却各自现了原形……

中国民权保障同盟总会欢迎萧伯纳，1933 年 2 月 17 日摄于宋庆龄宅

当时，瞿秋白正在鲁迅家避难，他们决定把报上的文章剪辑下来，编成一本《萧伯纳在上海》，借以看看各方面的态度。于是在许广平和杨之华的协助下，他们连夜编排、翻译、作序、校对，在一个月内就以野草书屋的名义出版、发售。这样的出书速度，也是对当时出版界的一个刺激。

鲁迅与瞿秋白合作编译的《萧伯纳在上海》

瞿秋白原来对"五四文学"革命有不正确的估价，因而也影响到对鲁迅作品的认识。当他同鲁迅直接接触，深入交谈，并且反复研究了鲁迅的杂文之后，他深刻地认识到鲁迅在中国近代革命史和思想史上的意义，认识到鲁迅杂文的价值。1933年4月，瞿秋白以何凝为笔名编选了《鲁迅杂感选集》，并写了序言。这篇序

瞿秋白选编的《鲁迅杂感选集》，他为此书所写的序言，在鲁迅研究史上具有重要意义

言第一次全面地分析了鲁迅的思想发展过程，高度评价了鲁迅杂文的战斗意义，在鲁迅研究和文艺批评的历史上有着重要的意义。

鲁迅曾用两句何瓦琴的话，给瞿秋白写过一副对联："人生得一知己足矣，斯世当以同怀视之。"从中可见他们友谊之深。但这篇序言，却把鲁迅过分政治化了，而且将他的思想分为前、后两期，开启了"转变"论之源。这又留下了消极的影响。

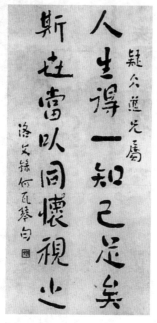

鲁迅录清人何瓦琴句赠瞿秋白

　　这时的左翼文坛，一方面受着国民党统治者严重的压迫，另一方面又从"左"的观点出发，动辄对别人发动批判，这样就使自己更加孤立起来，而且给人以可乘之机。

　　1931年12月，胡秋原打出"自由人"的旗号，抓住某些左翼批评家的错误，反对阶级文学的理论，否定中国的左翼文艺。1932年7月，苏汶又挂起"第三种人"的招牌，自称是"死抱住文学不放的人"，据说是左翼批评家动不动就说作家是"资产阶级的走狗"，使得他们不敢创作；而号称"左翼作家"者，又"左"而不作，于是文坛上便没有东西了。他们认为，文艺至少

苏汶编辑的《文艺自由论辩集》，收集了当时论争双方的主要文章

有一部分是超出于阶级斗争的，为将来的真的永久的文艺，这就是"第三种人"所抱住的文艺。他们在为这种文艺而呼吁。

对于这种理论，左翼理论家纷纷撰文反驳，于是形成一场论战。在这场论战中，鲁迅写了《论"第三种人"》《"连环图画"辩护》《又论"第三种人"》等文章，提出自己的看法，并阐明了左翼文艺运动的路线和策略，其中特别是关于团结同路人的问题，很值得注意。

鲁迅说："左翼作家并不是从天上掉下来的神兵，或国外杀进来的仇敌，他不但要那同走几步的'同路人'，还要招致那站在路旁看看的看客也一同前进。"他认为"第三种人"的"搁笔"，原因不在左翼批评的严酷，而是实际上做不成"第三种人"——"生在有阶级的社会里而要做超阶级的作家，生在战斗的时代而要离开战斗而独立，生在现在而要做给与将来的作品，这样的人，实在也是一个心造的幻影，在现实世界上是没有的。要做这样的人，恰如用自己的手拔着头发，要离开地球一样，他离不开，焦躁着，然而并非因为有人摇了摇头，使他不敢拔了的缘故。"[1]但正因为这一群体很混杂，所以也不能一概而论，"有的能和革命前进，共鸣；有的也能乘机将革命中伤，软化，曲解"，左翼理论家应该加以分析，区别对待。

这段时期，另外出现了一个超然物外的文学流派，他们反对斗争文学，追求轻松、冲淡和趣味，其代表人物是林语堂。他在1932年9月创办了《论语》半月刊，提倡幽默。据他自己的解释，"幽默只是一位冷静超远的旁观者"，"欲求幽默，必先有深远之心境，而带一点我佛慈悲之念头，然后文章火气不太盛，读者得淡然之味"。同时他又提倡小品，并于1934年4月创办《人间世》半月刊，专门刊登小品文，要求"以自我为中心，以闲适为格调"，据说内容是包括一切，"宇宙之大，苍蝇之微，皆可取材"。

《论语》杂志，"论语派"以此得名

1　鲁迅：《论"第三种人"》，《鲁迅全集》第四卷，第452页。

鲁迅是不赞成在中国提倡幽默的。他认为中国人不是长于"幽默"的人民，而现在又实在是难以幽默的时候，怎么能希望那些炸弹满空、河水漫野之处的人来讲"幽默"呢？如果要讲幽默，也就免不了要变样，非倾于对社会的讽刺，即堕入传统的"说笑话"和"讨便宜"。而实际上，《论语》不但堕入了轻松发噱的"说笑话"，有时还像金圣叹那样"将屠户的凶残，使大家化为一笑，收场大吉"。鲁迅也反对以闲适为格调的小品文，认为那是文学上的"小摆设"，提倡者以为可以靠着低诉或微吟，将粗犷的人心，磨得渐渐地平滑。鲁迅说："生存的小品文，必须是匕首，是投枪，能和读者一同杀出一条生存的血路的东西；但自然，它也能给人愉快和休息，然而这并不是'小摆设'，更不是抚慰和麻痹，它给人的愉快和休息是休养，是劳作和战斗之前的准备。"[1]

林语堂是鲁迅的老朋友，鲁迅觉得应以朋友待之，想把他从牛角尖里拉出来。当《人间世》还未出世，《论语》已很无聊时，鲁迅曾竭诚地写了一封信给林语堂，劝他放弃这玩意儿，而去译些英国文学名作，说以他的英文程度，不但译本于今有用，而且于将来有用。但林语堂却在牛角尖里钻得津津有味，拔不出来。他回信说，这些事等他老了再说。于是办《人间世》，提倡明人小品，影响了不少人。

其实，以闲适、性灵为格调的小品文，还是周作人先鼓吹起来的，支持林语堂搞这些玩意的，也正是周作人等在北京的一些文人。他们以革新或留学获得名位，生计已渐充裕，于是就玩起小摆设来了。鲁迅是坚持"五四文学"革命的战斗传

1　鲁迅:《小品文的危机》,《鲁迅全集》第四卷，第592—593页。

1933 年 4 月 11 日，鲁迅迁居施高塔路
大陆新村九号

大陆新村九号二楼鲁迅的卧室兼工作室

统的，所以他反对这种掩盖社会矛盾，从血泊中寻出闲适来的文章。

尽管有些人声称要超脱现实，但现实的阶级斗争却紧紧地束缚着人们。国民党政府的文化专制愈来愈严紧了。1933年10月间，行政院颁发查禁普罗文艺的密令："须更严密，毋使漏网""严密查扣，禁止流传"。果然，文网之绵密，前所未有，他们什么都禁止发行，一次就查禁书籍一百四十九种之多，连与当前政治毫无关系的亚米契斯的《爱的教育》和国木田独步的小说选集也要没收，简直叫人啼笑皆非。鲁迅当然是重点的迫害对象，他的一切作品，不论新旧，全在禁止之列，简直是想把他全家饿死。但这种查禁，也影响了书业的生意，于是有个编辑，就向官方提议，进行出版前的文稿审查，以免出版后查禁，书店损失太大。

1934年5月，国民党政府正式成立了"中国图书杂志审查委员会"，而反对文学与政治相关的某些"第三种人"，也坐上了检查官的椅子。鲁迅愤慨地说道："数年前的文坛上所谓'第三种人'杜衡辈，标榜超然，实为群丑，不久即本相毕露，知耻者皆羞称之。"[1]

那时，社会黑暗到了极点，但是鲁迅并不消极，他对革命前途充满信心。在为友人书写的绝句中，抒发出自己的情思：

万家墨面没蒿莱，敢有歌吟动地哀。
心事浩茫连广宇，于无声处听惊雷。

1　鲁迅：《"题未定"草（六至九）》，《鲁迅全集》第六卷，第447页。

万家墨面没蒿莱，敢有歌吟动地哀。心事浩茫连广宇，于无声处听惊雷。

1934 年 5 月 30 日书赠日本作家新居格条幅，表示对白色恐怖的反抗

中国"图书杂志审查委员会"成立后，一时间真是气焰万丈。中国的审查办法，与别国不一样，别国的检查是删削，中国的检查官则动手改文章。检查官中有些是"文学家"，自己写不出作品，却要给别人改文章，这倒是很滑稽的事。但他们毕竟是熟悉文坛情况的，头脑没有纯粹官僚的糊涂，一点讽刺，一句反语，他们都比较懂得所含的意义，所以查禁得也特别严厉。"中国图书杂志审查委员会"里的"文学家"中，有许多是受过鲁迅批判的，所以对鲁迅的作品就检查得特别苛刻。自该委员会成立以后，鲁迅的文章就更难发表了。即或通过，也遇之即删，弄得不成样子。《病后杂谈》是以明、清的虐政来讽刺国民党的专政，并批判林语堂的"性灵"说，全文共五节，却被删去四节，只剩下开头"从生病说起"的一节，使读者看了

莫名其妙，有人据此评论道："鲁迅是赞成生病的"。《二心集》是将版权卖给合众书店的，这次再度遭禁之后，书店便又去请检查，结果是被删去近三分之二，剩下十六篇，改为《拾零集》出版，而且，连这审定删存的一本到杭州去发卖时，又被没收了。书店向他们说明已经"中央"审定，回答是："这是浙江特别禁止的。"

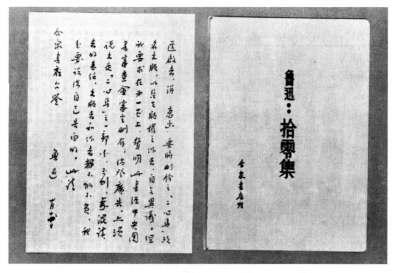

《二心集》再版时被删去近三分之二，合众书店将删剩的十六篇编成《拾零集》出版，鲁迅写信给书店，要求向读者说明真相

当时不但鲁迅的著作被大加删削禁止，而且他所翻译和编辑的东西，也在劫难逃。比如，他所译的俄国契诃夫的短篇小说《波斯勋章》，就被检查官禁止发表；他参与编辑的《译文》杂志，常被抽去多篇，稿件不够，只得临时赶译补足。鲁迅在致曹靖华信中指出："此为他们虐待异己法之一。使之疲于奔命，一也；使内无佳作，二也；使出版延期，因失读者信用，三也……"鲁迅认为对这种人绝不能退让，他说："我拟从明年起和检官们一战。"

1935 年，却不料出了《新生》周刊的"《闲话皇帝》事件"。日本领事指控该文触犯日本天皇，于 6 月间向上海市政府和南京政府提出"严重抗议"，国民党政府赶忙将《新生》编辑杜重远判处徒刑，同时又革掉了七个检查官，于是这个不可一世的"中国图书杂志审查委员会"也就烟消云散了。当然，这并不是恢复了出版自由，鲁迅说，他的文章仍旧是"戴着枷锁的跳舞"。

《花边文学》：收 1934 年 1—11
月所写的杂文六十一篇，1936 年
6 月出版

《两地书》：鲁迅与景宋（许广平）
1925—1929 年 的 通 信 集，1933
年 4 月出版

十八　抗击新的复古逆流

九月十三日
一九三三年

1933 年 9 月，鲁迅五十三岁生日全家合影

政治上的倒退，总是与思想上的复古联系在一起的。随着大革命的失败，新的专制统治的开始，20世纪30年代出现了一股复古思潮。光绪年间维新派所革掉的旧习重新出现了，"五四运动"所反掉的"妖孽"又在"新式青年"的躯壳里复活了。鲁迅是从光绪年间就战斗过来的人，对此不免感慨系之。他写了一篇《重三感旧》，将眼前这种现象与光绪末年的"新党"做对比，赞扬"老新党"们为了给中国图富强，三四十岁看《学算笔谈》，看《化学鉴原》，怪声怪气学洋话的精神，而批判了当时"有些新青年"的复古倾向。

鲁迅这篇文章本来并不专指某个人，而是针对当时的复古思潮而发的。但劝青年读《庄子》《文选》的施蛰存，却撰文辩解，说他在《大晚报》上推荐这两本书，是"为青年文学修养之助"——后来又说是可以寻活字汇，而且说："没有经过古文学的修养，鲁迅先生的新文章决不会写到现在那样好。"虽然鲁迅的文章是用丰之余的笔名发表的，但对方早已觉出作者是谁，字里行间随处隐射，如说他想将推荐书目改一下，"把《庄子》与《文选》改为鲁迅先生的《华盖集》正续编及《伪自由书》"，仿佛鲁迅之反对推荐《庄子》与《文选》，是恨他没有推荐自己著作的缘故。

在这种情况下，一场持续的辩论开始了。

鲁迅指出，古书中寻活字汇，是说得出，做不到的。假如有青年翻开《文选》来，一心要寻活字汇，怎样分别那些字的死活呢？不看注而能懂的，这就是活字汇。然而他怎么会先就懂得的呢？这一定是曾经在别的书上看见过，或到现在还在应用的字汇，所以他懂得。那么，从一部《文选》里，又寻到了什么？如果说，要描写宫殿之类的时候有用处，那也只限于做汉晋的历史小说，如果描写的是清故宫，那可和《文选》的瓜葛就极少了。倘使连清故宫也不想描写，而预备功夫却用得这么广泛，那实在是徒劳而仍不足。有人说："汉以后的词，秦以前的字，西方文化所带来的字和词，可以拼成功我们的光芒的新文学。"这是逃避骚扰的人生，而逃进字和词里去的做法。鲁迅指出：如果新文学的光芒只在字和词，"那大概像古墓里的贵妇人似的，满身都是珠光宝气了"。但是，"人生却不在拼凑，而在创造，几千百万的活人在创造"。[1]正是为了创造新的生活，新的文学，鲁迅才坚决反对推荐《庄子》与《文选》为青年文学修养之助，推荐《论语》《孟子》《颜氏家训》为道德修养之助。至于有人将鲁迅的富有旧文学修养的事实，作为他提倡读古书的理由，那不过是重复了"五四"时期保护文言者所玩弄的老花样。鲁迅讽刺地称这种现象为"反刍"。

后之论者，往往不理解鲁迅为什么要反对劝青年读《庄子》《文选》，他们就事论事，认为青年人读这些书也没有什么不好。其实，鲁迅是从整个时代思潮着眼来谈这一问题的。

1　鲁迅：《难得糊涂》，《鲁迅全集》第五卷，第393页。

《且介亭杂文》：收 1934 年所作杂文三十六篇，1937 年 7 月出版；《且介亭杂文二集》：收 1935 年所作杂文四十八篇，1937 年 7 月出版；《且介亭杂文末编》：收 1936 年所作杂文三十五篇，1937 年 7 月出版

那时，复古之风很盛，而这股复古之风，却正是当道者掀起来的。蒋介石提倡复古，是出于政治上的需要。他想借助于中国的封建道德，来加强他的所谓"整齐划一"的专制统治。蒋介石很钦佩曾国藩。曾国藩在剿灭太平军的过程中，奋卫"圣道"，中兴古文，想以此来维系人心。蒋介石学曾国藩的样子，在对苏区的第五次军事"围剿"的过程中，搞了个"新生活运动"，提倡尊孔读经，鼓吹"四维八德"，说是"四维既张，国乃复兴"。1934 年 2 月 19 日，他在指挥围剿的南昌行营演讲所谓"新生活运动要义"，其政治意图是十分明显的。

在"新生活运动"的带动下，尊孔复古思潮汹涌而来。湖南军阀何键，早就提倡读经；广东军阀陈济棠，提议恢复对孔子及关羽、岳飞的祀典，经国民党政务会议通过，在广东举行盛大典礼；山东省主席韩复榘提议修复孔庙，由国民党中政会补助十万元；戴季陶也捐款修建吴兴孔庙，并代表国民党政府到咸阳周陵去祭文王周公的墓；上海则大开"孔诞纪念会"，演"佾舞"，奏"韶乐"；又有广东省河督局局长郑日东根据《礼记·王制》篇中"道路，男子由右，妇女由左"的话，呈请令男女分途，禁止同行；甚至上海无线电里还播送《颜氏家训·勉学篇》，劝人读《论语》《孝经》……种种复古现象，不一而足。

《故事新编》：收 1922—1935 年所作历史小说八篇，1936 年 1 月出版

与此同时，日本侵略者也大搞尊孔活动。他们提出"东亚共荣""王道乐土"的理论，还在汤岛建造孔庙，提倡尊孔读经。溥仪在日本侵略者的扶持下，在伪满称帝，于是，东北报上论文，十之八九是以"王道政治"作结，官厅通知，谓凡有挑剔贫富、论述斗争的文字，皆与"王道"不合，必须送检……

面对国内外这股尊孔复古逆流，鲁迅再次奋起抗击。从 1934 年到 1935 年，他连续写了《关于中国的两三件事》《儒术》《在现代中

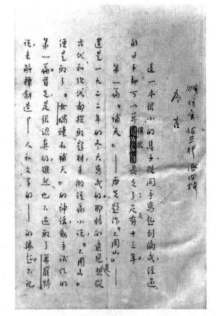

《故事新编》序言手稿

国的孔夫子》等一系列文章，从各方面揭露和批判这股尊孔复古思潮。鲁迅指出："孔夫子曾经计划过出色的治国的方法，但

那都是为了治民众者，即权势者设想的方法，为民众本身的，却一点也没有。"并用周公镇压"顽民"等历史事实证明："在中国，其实是彻底的未曾有过王道。"至于当前日、满、蒋的鼓吹王道，那完全是为了遮盖他们侵略和残杀的霸道事实。蒋介石在苏区杀人放火，在国统区实行白色恐怖，将全国变成了一个大监狱，这就是他鼓吹"王道"的真面目。鲁迅指出："倘说先前曾有真的王道者，是妄言，说现在还有者，是新药。"

在中国现代历史上，尊孔思想总是同古文复兴相联系的。提倡文言，反对白话，正是复古思潮的一个组成部分。20世纪30年代也并不例外，尊孔复古浪潮一起，就有人向白话文发动攻势了。其中最突出的，是教育部的官僚汪懋祖。他在1934年5月间发表了《禁习文言与强令读经》一文，提出小学学习文言，初中读《孟子》，高中读《论语》《大学》《中庸》的主张。接着，吴研因发表《驳小学参教文言 中学读孟子》一文加以反

大众语提倡者：陈望道、乐嗣炳

对，展开了新的语文论战。但陈望道、乐嗣炳则认为，如果单纯地进行白话保卫战，恐怕保不住白话文，应该跳出文白之争，提出一些更激进的东西，这样才能保住白话。于是他们邀集同道，进行座谈，拟定了"大众语"这个名称，并于 6 月 18 日开始，在《申报·自由谈》上连续发表讨论文章，继而其他一些报刊也加以响应，形成一个大众语运动。

鲁迅在与复古思潮进行斗争时，很注意有些人对于白话文的攻击，汪懋祖一出来，他立即撰文予以揭露。汪懋祖其实并没有什么创造发明，他不过重复了当年章士钊的论调而已，连所举的例证也差不多。章士钊把"二桃杀三士"错解作"两个桃子杀死三个读书人"，来论证文言的简洁；汪懋祖则将"这一个学生或是那一个学生"翻译为"此生或彼生"，来说明文言的省力。鲁迅也还是用当年对付章士钊的办法来对付汪懋祖，就用主张文言的汪懋祖所举的文言的例子，证明文言的不中用。鲁迅指出，"此生或彼生"至少还可以有两种解释：一、这一个秀才或是那一个秀才 (生员)；二、这一世或是未来的别一世。这就说明："文言比起白话来，有时的确字数少，然而那意义也比较的含胡。我们看文言文，往往不但不能增益我们的智识，并且须仗我们已有的智识，给它注解，补足。待到翻成精密的白话之后，这才算是懂得了。如果一径就用白话，即使多写了几个字，但对于读者，'其省力为何如'？"[1]

鲁迅赞同陈望道等人的主张，认为提倡大众语运动，至少可以给复古思潮一个打击，使白话文得以发展。鲁迅对于文字学，素有深刻的研究，这次在大众语问题讨论中，提出了很多

1　鲁迅：《"此生或彼生"》,《鲁迅全集》第五卷，第 527 页。

宝贵的意见。他在《申报·自由谈》上连载的《门外文谈》，以唯物史观通俗地阐述了语言文字发展的历史，产生了很大的影响。在这篇文章的开头，鲁迅便批判了圣贤造字说，而从古代结绳记事、原始壁画和象形、谐声文字，来分析文字的起源与古代劳动生活的关系。

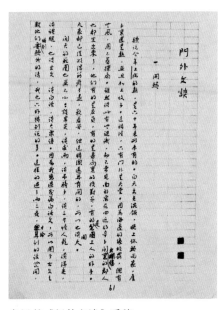

鲁迅的《门外文谈》手稿

鲁迅指出，文字在民间萌芽，后来却为特权者所收揽；而特权者为了使文字变得尊严和神秘，以显示识字人高人一等，又给文字和文章故意制造了许多难处，使它更加脱离群众。为了打破这种垄断局面，鲁迅提出，必须"将文字交给大众"。保护白话文，提倡大众语，正是这种文字大众化的必要措施，也是历史发展的必然趋势。但鲁迅也并不是把大众语看作终极的目标，因为在他看来，汉字本身就是一个死症，必须进行拉丁化，用拼音文字来代替方块字，这才能从根本上解决问题。

在大众语问题的讨论过程中，鲁迅还支持陈望道创办了《太白》半月刊。这个刊名是鲁迅定的，表面上是"白而又白""比白话还要白"的意思，实则取意于太白星，即启明星，暗示着对于黎明的期待。

在当时这股尊孔复古的逆流中，有一些曾是"五四"时期的风云人物，像周作人、刘半农，当初都参加过"打倒孔家店"

陈望道创办的《太白》杂志，鲁迅大力加以支持

的运动，曾几何时，却用古文来打击青年，提倡宋人语录，鼓吹明人小品，为尊孔复辟逆流推波助澜。鲁迅感叹道："北平诸公，真令人齿冷，或则媚上，或则取容，回忆'五四'时，殊有隔世之感。"[1]

1934年，刘半农病死，有些人大做文章，把他捧为复古的先贤，借以攻击革命文化，攻击"趋时"的人们。鲁迅也抓住刘半农这个典型，并联系中国近代史上的一些事实，在《忆刘半农君》《趋时与复古》等文中，对历史上许多思想家和作家的这种倒退逆转现象，做了深刻的批判。他还举了康有为、严复、章太炎三人为例，指出他们开头都曾经战斗过来的，原是拉车前进的好身手，后来却拉车屁股向后了。鲁迅说，他愿以愤火照出刘半农早年的战绩，免使一群陷沙鬼将他先前的光荣和死尸一同拖入烂泥的深渊。

1　鲁迅：1934年5月10日致台静农信，《鲁迅全集》第十三卷，第96页。

十九　美的播布与创造

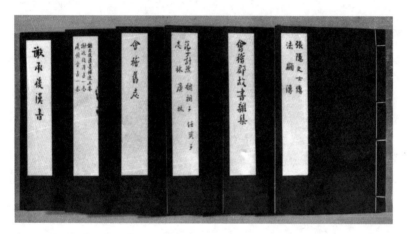

鲁迅所整理和抄录的古籍

由于鲁迅一贯坚持反对国粹主义和复古主义，特别是前有劝青年"要少——或者竟不——看中国书，多看外国书"的主张，后有反对向青年推荐《庄子》与《文选》的议论，常被别人指为反对民族文化传统的虚无主义或全盘西化论者。其实，反对复古主义并非割断文化传统，揭露假古董也不是要抛弃真文物。鲁迅在讽刺那些"错字迭出，破句连篇"的假国学家的同时，却十分赞赏王国维这样真正的国学家和《流沙坠简》这样真正的国学著作；他对刘师培卖身投靠行为和提倡国粹以反对新文化之举予以痛斥，但对他的《中国中古文学史》却充分肯定，因为这是有价值的学术著作。鲁迅的文化指向，其实早在他弃医从文之初，就说得非常清楚："外之既不后于世界之思潮，内之仍弗失固有之血脉，取今复古，别立新宗，人生意义，致之深邃，则国人之自觉至，个性张，沙聚之邦，由是转为人国。"[1]原来他提倡青年多读外国书的目的，是希望国人不要脱离世界潮流，他之反对国粹主义，是要我们不可凝固在陈旧的文化形态之中。因为在他看来，"文化的改革如长江大河的流行，

1　鲁迅：《文化偏至论》，《鲁迅全集》第一卷，第57页。

无法遏止，假使能够遏止，那就成为死水，纵不干涸，也必腐败的"[1]。他不是要割断文化传统，而是希望能跟上世界潮流，在保持"固有血脉"的基础上，加以发展，"别立新宗"。

因此，鲁迅自己一直致力于文化史的研究，他不遗余力地搜集文献、辑录古籍，编有《会稽郡故书杂集》《古小说钩沉》《唐宋传奇集》《小说旧闻钞》等书，多次校勘《嵇康集》，并在大量占有材料的基础上，写出了具有开创性的学术著作《中国小说史略》和未完成的文学史《汉文学史纲要》。尽管这些工作被激进的创造社和太阳社讥为"没落"，但他毫不动摇，在晚年还想写作《中国文学史》和《中国字体变迁史》，可惜由于环境的恶劣，而未能如愿。

鲁迅对于文化史的研究，视野相当开阔，他的注意力不限于文学方面，而涉及许多领域。1913 年，他在教育部任职时所写的《拟播布美术意见书》中，就提出要保存著名之建筑，如伽蓝宫殿、名人故居、祠宇、坟墓，还要保存碑碣、壁画、造像，以及林野等；同时，又规划建设美术馆、美术展览会、剧场、奏乐堂、文艺会，等等。虽然北洋政府根本不会顾及此类计划，但鲁迅要保存文化遗迹和播布美术的愿望却于此可见。鲁迅自己由于兴趣所在，也还想做一些力所能及的工作，可惜大都未能完成。他曾锐意搜集乡邦砖甓及拓本，欲著《越中专录》而未成，后辑有《俟堂专文杂集》，亦未印出。与此同时，鲁迅还搜集了大量的碑碣拓本，从中研究文化思想、书法艺术、字体变迁、美术造型以及生活习俗等。这种拓片的搜集工作，一直延续到后期。他原想全部整理出来付印，后拟选印，"即印

1　鲁迅：《从"别字"说开去》，《鲁迅全集》第六卷，第 292 页。

汉至唐画像，但唯取其可见当时风俗者，如游猎，卤簿，宴饮之类"，但觉得"著手则大不易"。他辑有《汉画像目录》《石刻目录》《六朝墓名目录》《六朝造像目录》《唐造像目录》等，由于经济条件及其他原因，均未能付印。到逝世的前一年，才决定中止此事。他在该年 5 月 14 日致台静农信中说："收集画象事，拟暂作一结束，因年来精神体力，大不如前，且终日劳劳，亦无整理付印之望，所以拟姑置之；今乃知老境催人，其可怕如此。"

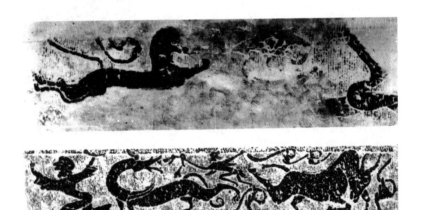

鲁迅所收藏的南阳画像石刻拓片

在汉唐画像方面，鲁迅生前虽然未能整理付印，但在其他方面，则仍做了许多保存与播布工作，而且这些工作，大都是在后期成为左翼作家之后进行的。影响最大的是 1933 年与郑振铎合作编印的《北平笺谱》。鲁迅一向喜爱北京坊间的这种木刻水印画笺，常用来写信，寓沪以后，还利用返京省亲机会，多方搜集。这回又由郑振铎在北平访笺，寄到上海由鲁迅选定，再请北平各纸铺用原刻版印出，装订成精美的画册。鲁迅在该书序言中说明出版缘由时说："顾迫于时会，苓落将始，吾侪好事，亦多杞忧。于是搜索市廛，拔其尤异，各就原版，印造成书，名之曰《北平笺谱》。"用现在的话说，也就是抢救即将衰

《北平笺谱》：鲁迅、西谛合编，共收人物、山水、花鸟、果蔬等各色笺纸三百三十二幅，1933 年 12 月出版。鲁迅说，此书"实不独为文房清玩，亦中国木刻史上一大纪念耳"

鲁迅收藏的中国画

鲁迅收藏的外国版画

落的文化遗产之意。鲁迅充分认识到这种抢救工作的重要性。他在致郑振铎信中谈到该书的出版时说："这种书籍，真非印行不可。新的文化既幼稚，又受压迫，难以发达；旧的又只受着官私两方的漠视，摧残，近来我真觉得文艺界会变成白地，由个人留一点东西给好事者及后人，可喜亦可哀也。"

《北平笺谱》的出版，获得很大的成功，第一版很快售罄，迅速再版。但鲁迅认为，做事不可停留在一件上，所以他们接着又翻印《十竹斋笺谱》，并把它作为"图版丛刊"之一，表明他们将要陆续出版此类图书。可惜后来因鲁迅重病及其他原因，未曾继续下去。鲁迅不但编印中国传统木刻，还把许多外国木刻和绘画介绍到国内来。

鲁迅设计的珂勒惠支版画选集封面　　鲁迅编选的苏联木刻集：《引玉集》

鲁迅的艺术兴趣相当广泛，他一方面托曹靖华在苏联寻访新俄木刻，另一方面又托留学德国的徐诗荃收集德国木刻，同时还通过其他途径收集各国木刻，择其有特色者，选编出版，作为中国新艺术家的借鉴。还在 1929 年前后与柔石等人合办

鲁迅编选的《木刻纪程》

鲁迅收藏的中国现代木刻

朝花社时期，鲁迅就以该社的名义编辑出版了《近代木刻选集》（一）（二）、《蕗谷虹儿画选》、《比亚兹莱画选》和《新俄画选》。这里，有为揭露上海滩上的生吞活剥画家而出版的外国原作，但主要还是为艺术学徒提供参考资料。他在《木刻纪程·小引》里说："创作木刻的绍介，始于朝花社……虽然选择印造，并不精工，且为艺术名家所不齿，却颇引起了青年学徒的注意。"后来，他又以三闲书屋名义，自费出版了《梅斐尔德木刻士敏土之图》《引玉集》《凯绥·珂勒惠支版画选集》《死魂灵百图》，其中，就有施蛰存所讽刺的"像鲁迅先生印珂罗版木刻图一样的是私人精印本，属于罕见书之列"。鲁迅之所以自费出版木刻图，却是此类赔钱书难以找到出版社的缘故，而用珂罗版精印，则是为了保持原作精神，便于青年艺术学徒学习借鉴。后来，上海良友图书印刷公司愿意出版此类书籍，鲁迅不辞辛劳，为他们编选了比利时画家麦绥莱勒的木刻连环画故事《一个人的受难》和《苏联版画集》。这些，都是重要的美术播布工作。

鲁迅的这些工作，不仅为了保存和鉴赏，更重要的，还是为了创造。他曾感慨当代青年精神粮食的不足，说是"用秕谷来养青年，是决不会壮大的"。所以他要为艺术学徒提供好的精神粮食。鲁迅是中国新兴木刻的创导者，他为培养木刻人才，做了大量的工作。除了提供精神粮食之外，他还为青年艺徒组织讲习班，请日本木刻家内山嘉吉来讲授木刻技法，自己亲任翻译；又帮助他们开展览会，编选作品出版《木刻纪程》，并且在通信中对他们的创作直接加以指导，这些数量很大的书信，正是鲁迅重要美学思想的体现。从鲁迅的意图看，他对古籍的整理，对艺术品的选印，与遗老遗少们的复古恋旧完全是两码子事，一个是向前看，一个是向后看，两者不可同日而语。正如鲁迅在《引玉集·后记》里所说："我已经确切的相信：将来的光明，必将证明我们不但是文艺上的遗产的保存者，而且也是开拓者和建设者。"

二十 鞠躬尽瘁，死而后已

1936 年 10 月 2 日摄于大陆新村寓所中

1935 年，日本侵略者加紧了对中国的进攻，政府当局仍采取妥协政策，而社会各界人士则加紧了反抗斗争，掀起了抗日救亡运动的新高潮。

　　这年 1 月 2 日，日本外相广田弘毅发表"中日经济提携意见"。2 月 1 日，蒋介石发表"中日亲善"谈话，承认日本具有"诚意"，说是要"制裁一时冲动及反日行为，以示信谊"。在蒋介石发表谈话之前，徐道邻的一篇文章《敌乎？友乎？中日关系的检讨》，在 1 月底的报纸上连载，先行制造舆论。鲁迅在 2 月 9 日给萧军、萧红的信中说："你记得去年各报上登过一篇《敌乎，友乎？》的文章吗？做的是徐树铮的儿子，现代阔人的代言人，他竟连日本是友是敌都怀疑起来了，怀疑的结果，才决定是'友'。将来恐怕还会有一篇'友乎，主乎？'要登出来。今年就要将'一二八''九一八'的纪念取消，报上登载的减少学校假期，就是这件事，不过他们说话改头换面，使大家不觉得。'友'之敌，就是自己之敌，要代'友'讨伐的，所以我看此后的中国报，将不准对日本说一句什么话。"

　　鲁迅的眼光是尖锐的，这篇文章的确是当局的代言。据蒋介石的"文胆"陈布雷日后在他的回忆录中披露，此文是他在奉化溪口所写，而以徐道邻的名义发表的。鲁迅的担心也并非多余。不几天，国民党政府就下令"取缔排日"，蒋介石声称"中日有提携之必要"，他们并派员赴日，交换"亲善"意见。接着，《何梅协定》签订了，华北五省"自治"了，关内的大块土地眼看就要被葬送了。但中国人民绝不愿做亡国奴，在这民族存亡的关头，抗日救亡的呼声响遍全国。12月9日，北平发生了轰轰烈烈的爱国学生运动。鲁迅从报上看到《北平特约通讯》，记载学生游行，被警察水龙喷射，棍击刀砍，一部分则被闭于城外，使受冻馁……这时，他正在写着《"题未定草"》之九，阅报之后，兴奋地接着写道："谁说中国的老百姓是庸愚的呢，被愚弄诓骗压迫到现在，还明白如此。""石在，火种是不会绝的。"

鲁迅一向注意唤起民众，点燃他们心灵的火苗。1935年，他除了自己继续写作，揭露国民党的对外妥协和对内专政行径以外，还与几个青年作家一起，成立"奴隶社"，帮助他们出版著作。奴隶社一共出了三本书，其中有两本就是东北流亡作家描写东北人民挣扎和斗争的小说：萧军的《八月的乡村》和萧红的《生死场》，鲁迅都为它们写了序。鲁迅向读者介绍这些作品，用意是非常清楚的，并非它们在艺术上有多么高超，而是因为在思想内容上对当时的抗日救亡运动有助。他在《八月的乡村》序里就说道：这部作品"虽然有些近乎短篇的连续，结构和描写人物的手段，也不能比法捷耶夫的《毁灭》，然而严肃，紧张，作者的心血和失去的天空，土地，受难的人民，以至失去的茂草，高粱，蝈蝈，蚊子，搅成一团，鲜红的在读者眼前展开，显示着中国的一份和全部，现在和未来，死路与活路。凡有人心的读者，是看得完的，而且有所得的"。胡适不是说"要征服中国民族，必须征服中国民族的心"吗？鲁迅指出，这本书就是于"心的征服"有碍，所以不容于"满洲帝国"，他预料"也因此当然不容于中华民国。这事情很快就会得到实证"。

反映东北人民反抗和斗争的两本作品，鲁迅为之作序和推介

果然不出鲁迅所料，《八月的乡村》和《生死场》在"有人心的读者"中得到很好的反响，但必然也会遭到另一种人的攻击。这种攻击，不但来自正面的敌人，而且来自背后。次年3月，张春桥化名狄克，抛出一篇文章，叫《我们要执行自我批判》，以"左"的面貌，指责《八月的乡村》"里面有些还不真实"，作者"不该早早地从东北回来"，并且把矛头指向将这些作品介绍于世的鲁迅，危言耸听地说："如果只是鼓励，只是慰勉，而忘记了执行批评，那就无异是把一个良好的作者送进坟墓里去。"这不是对某个作品评价上的分歧，而关系到对于民族革命战争的态度问题，所以鲁迅写了《三月的租界》和《〈出关〉的"关"》二文，加以反击。鲁迅一针见血地指出：狄克的所谓批评，其实是"实行着抹杀《八月的乡村》的'自我批判'

的任务的"。不错，投枪不如坦克车好，但我们绝不能因为坦克车正要来了或将要来了，而先折断了投枪。而且，在这"我们"之外还有"他们"的文坛上，专门对付"我们"之中的"他们"，一味自责以显其"正确"或公平，"那其实是在向'他们'献媚或替'他们'缴械"。

救亡形势的变化，要求各政党在策略上做出相应的变化。1935年8月1日，中国共产党发表《八一宣言》(《为抗日救国告全体同胞书》)，提出停止内战，联合抗日的主张；12月，中共中央在陕北瓦窑堡召开了政治局会议，批评了党内那种认为中国民族资产阶级不可能和中国工人农民联合抗日的错误观点，决定了建立民族统一战线的策略。这种新的变化，必然要反映到文艺界中来。在左翼文艺阵营内部，由于对新的政治形势和新的政治策略的理解不同，也产生了意见的分歧。1936年初，上海文艺界地下党领导周扬等人，提出了"国防文学"的口号。同年4月，中共中央派遣冯雪峰到上海，鲁迅在听取冯雪峰的意见之后，与胡风等提出了"民族革命战争的大众文学"的口号，形成了两个口号的论争。

两个口号论争的爆发并非偶然，既是出于对新的策略的理解不同，同时也是左联内部矛盾长期积累的结果。有些党员作家，表面上虽然尊鲁迅为盟主，而在"左"倾思潮的支配下，其实并不把他当作一回事，所以常常对他进行攻击，为防背后射来的冷箭，鲁迅不得不横站着进行战斗，感到分外吃力。而有些人又要以党的领导自居，指挥一切，不经商量，而要别人对他绝对服从。这对具有自由思想和独立精神的鲁迅来说，是难以容忍的，所以在致友人的书信中称这种人为"工头""元帅"，指责他们"以鸣鞭为职业"。这些事，都发生在两个口号论争之前。所以，鲁迅与他们的矛盾，并非完全因两个口号而起。

由于长期紧张的战斗生活，外受国民党统治者的迫害，内受"元帅""工头"们的攻击，鲁迅的健康状况愈来愈差了。1936年5月16日起，他突然发热，加以气喘，从此病情日见沉重。朋友们多劝他出国疗养，但他离不开战斗岗位，怕出国之后，与国内的战斗生活脱节，变成"瞎子""聋子"，不能发挥战斗作用，所以一直拖延着。到5月底，病象日渐险恶，史沫特莱、茅盾等几个人暗自商定，请了上海唯一的欧美肺病专家D医师来为鲁迅诊病。这位医师赞誉鲁迅为最能抵抗疾病的典型的中国人，说像鲁迅这样的肺病，倘是欧洲人，则在五年前已经死掉。这诊断使得一些朋友落泪，但鲁迅却很镇静，他没有请D医师开方，因为他想，D医师的医学是从欧洲学来的，一定没有学过给死了五年的病人开方的法子。然而D医师的诊断是极准确的，后来所拍的X光片做了证明。到6月5日，病情更加恶化，他后来在日记中说："自此以后，日渐委顿，终至艰于起坐……其间一时颇虞奄忽。"当日，宋庆龄得知鲁迅病得厉害的消息，马上写信，恳请他入医院治疗："因为你延迟一

宋庆龄要求鲁迅立即入院治疗的信

天，便是说你的生命增加了一天的危险！！你的生命，并不是你个人的，而是属于中国和中国革命的！！！为着中国和革命的前途，你有保存、珍重你身体的必要，因为中国需要你，革命需要你！！！"

鲁迅此次重病，绵延数月。但是，文艺界的论辩却不断地干扰他的安宁。8月2日，他接到徐懋庸的来信。这封信指责鲁迅"对于现在的基本的政策没有了解"，并攻击鲁迅"助长着恶劣的倾向"，还用"实际解决"来恐吓。鲁迅认为，这一切都不是"无关大局"的"彼此个人间事"，很有公开答复之必要。但此时他身体仍很虚弱，不能写作长文，就由冯雪峰起草，他自己再花了四个晚上，斜躺着，用一只手搭在茶几上，修改补充而成一篇长文：《答徐懋庸并关于抗日统一战线问题》。在这里，鲁迅首先严正地表明了自己对抗日民族统一战线的拥护，宣称"我无条件地加入这战线"；其次，他对两个口号，做了进一步的分析，认为："'民族革命战争的大众文学'这名词，在本身上，比'国防文学'这名词，意义更明确，更深刻，更有内容。"但鉴于"'国防文学'这口号，颇通俗，已经有很多人听惯，它能扩大我们政治的和文学的影响，加之

《答徐懋庸并关于抗日统一战线问题》，由冯雪峰起草、鲁迅自己加以修改而成

它可以解释为作家在国防旗帜下联合，为广义的爱国主义的文学的缘故。因此，它即使曾被不正确的解释，它本身含义上有缺陷，它仍应当存在，因为存在对于抗日运动有利益。"此外，鲁迅还对徐懋庸等人的宗派主义作风等做了批评。

那么，鲁迅所说的"国防文学"这个口号"曾被不正确的解释"和"本身含义上的缺陷"是何所指呢？我们可从他另一句话中找到答案："我以为应当说：作家在'抗日'的旗帜，或者在'国防'的旗帜之下联合起来；不能说：作家在'国防文学'的口号下联合起来，因为有些作者不写'国防为主题'的作品，仍可从各方面来参加抗日联合战线；即使他像我一样没有加入'文艺家协会'，也未必就是汉奸。'国防文学'不能包括一切文学，因为在'国防文学'与'汉奸文学'之外，确有既非前者，也非后者的文学，除非他们有本领也证明了《红楼梦》《子夜》《阿Q正传》是'国防文学'或'汉奸文学'。"这显然是针对着周扬要求作家都要写"国防"这个"最中心之主题"的"国防文学"论而发的，而鲁迅则只要求作家具有抗日的基本政治立场，而在创作上则有取材和描写的充分自由。这不是论者所瞩目的政治路线上的论争，而是文学思想上的分歧。这种分歧，从"左联"成立以来就一直存在，是写自己熟悉的题材呢，还是非要写作家所不熟悉的战斗的无产者？鲁迅是持前一种看法的，但他的意见并没有被普遍接受，分歧一直延续到1949年以后，而且愈演愈烈。所谓"写中心，演中心，画中心"，显然就是"最中心之主题"论的翻版，把塑造无产阶级英雄形象定为革命文艺的"根本任务"，则是号召写战斗的无产者的进一步发展，而反胡风、批雪峰，所批的主要内容其实就是鲁迅当年提出的意见。这是需要细察才能看得明白的。

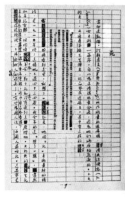

《死》的手稿

1936年10月8日，鲁迅赴八仙桥青年会参观"中华全国木刻第二回流动展览"，并与青年木刻家们座谈

　　8月底，鲁迅的病情有所好转，不过他自己知道，这是暂时的，"我的病其实是不会全愈的"。鲁迅想到的不是休息，而是"要赶快做"；他也绝不与敌人妥协，而决心战斗到底。他写了一篇《死》，结尾说："只还记得在发热时，又曾想到欧洲人临死时，往往有一种仪式，是请别人宽恕，自己也宽恕了别人。我的怨敌可谓多矣，倘有新式的人问起我来，怎么回答呢？我想了一想，决定的是：让他们怨恨去，我也一个都不宽恕。"在生命的最后两个月里，鲁迅仍不息地工作。他写了《"这也是生活"……》《死》《女吊》《关于太炎先生二三事》《半夏小集》《因太炎先生而想起的二三事》《立此存照》等许多战斗文章；又为曹靖华翻译的《苏联作家七人集》写了序文；这时，他编辑的瞿秋白译文集《海上述林》上卷印成，即分赠友好，并为之做介绍广告；他还扶病去参观了第二次全国木刻联合流动展览会，并在会上对青年木刻家做了谈话……10月17日，鲁迅还做了很多工作。那天上午，他续写《因太炎先生而想起的二三

事》，未完；午后给曹靖华复了信，又出门去访旅居上海的日本作家鹿地亘，为他正在翻译的《鲁迅杂感选集》解答疑难；晚上，还与周建人谈至11时。但睡下不久就发病了。气喘，咳嗽，终于不治。1936年10月19日早晨5时25分，鲁迅逝世于上海北四川路底施高塔路大陆新村九号寓所。

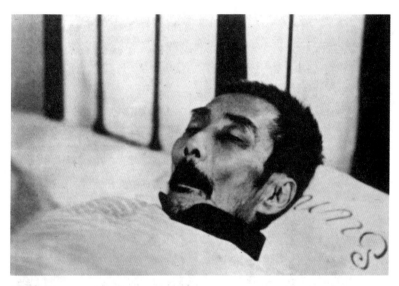

鲁迅遗容

当日，冯雪峰即找宋庆龄、蔡元培等人商量，组成治丧委员会，治丧委员会立刻发表讣告，移灵于万国殡仪馆，供各界瞻仰遗容。鲁迅逝世的噩耗传出，全国震悼，唁电唁函，纷纷不绝。鲁迅的丧事变成对民众的动员。但国民党统治当局不但怕活鲁迅，也怕死鲁迅，对鲁迅的葬礼如临大敌，派出军警，全副武装，与帝国主义的巡捕相勾结，监视送殡队伍。据《鲁迅先生逝世经过略记》记载："在租界区域内，巡逻在行列两边有骑马的印度巡捕，徒步的巡捕，全是挂着枪。行到中国界的虹桥路，便由黑衣白缠腿的中国警察接替了。他们底长枪全装了刺刀；短枪也挂好了把子。"但是，送殡群众毫无畏惧，他们跟着灵柩，唱着挽歌前进："……你的笔尖是枪尖，刺透了旧中国的脸，你的发音是晨钟，唤醒了奴隶的迷梦……"一路上自动参加送丧行列的人愈来愈多，有工人、店员，还有小学生，浩浩荡荡，足有二里多长。他们高喊抗日的口号，高唱救亡歌曲，把送丧行列变成了宣传抗日救亡的群众示威游行队伍。抵达墓地之后，上海民众代表献"民族魂"白底黑字旗一面，覆于棺上，表达了人民对鲁迅的崇高评价。

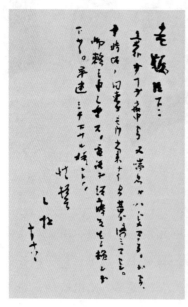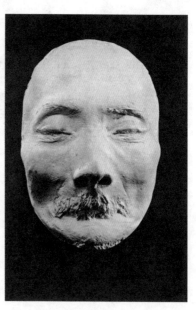

鲁迅绝笔：拜托内山完造请医生的信　鲁迅石膏面模

青年作家为鲁迅移灵

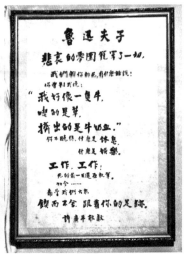

许广平的挽诗

万国殡仪馆门口之丧仪场面

许广平、周海婴与宋庆龄在送葬行列中

上海数万民众高举"争取民族解放"的横幅，自动为鲁迅送殡

　　鲁迅为民族的生存、为人民的解放，艰苦地战斗了一生。他在抗日救亡运动的高潮中逝世了，而对于他的悼念活动又推动了抗日救亡运动的发展。

1956年10月，鲁迅逝世二十周年之际，由万国公墓迁葬于虹口公园（后改名"鲁迅公园"）

后记 《鲁迅传》写作记忆

20世纪50年代之初，还在中学读书时，我就深爱鲁迅的作品，惊其犀利、深刻，有助于提高认识问题的能力。上大学以后，听鲍正鹄先生的"现代文学作品选"和"鲁迅研究"课，深受其影响，遂将鲁迅研究作为自己的学术课题。我的学年论文和毕业论文写的都是鲁迅，第一篇发表的论文和第一本出版的著作，也都是鲁迅研究，后来又参加《鲁迅年谱》的编写。在这基础上，开始写作鲁迅的传记，应不同需要，一共写过四种：《鲁迅传略》《鲁迅画传》《鲁迅传》和《鲁迅图传》。

《鲁迅传略》出版于1981年6月，是应上海文艺出版社之约而写。那时，他们正计划出版"文艺知识丛书"，而我在此不久之前，与高云合作在该社出过一本《论鲁迅的小说创作》，编辑自然就想到要我来写鲁迅的传记了。鲁迅传记的内容丰富，我希望能多写一些文字，但编辑说，这套丛书每本字数限在十万字左右，不能相差太大，以免打破均衡。我只好约束字数，但还是超标，写了十三万字。幸好编辑郝铭鉴宽容，没有叫我压缩，就这样出版了，大概是这套丛书中字数最多的一本了。此书出版时，正值鲁迅百年诞辰，所以发行得蛮好。

《鲁迅画传》出版于2005年1月。那时，复旦大学出版社要出一套"中国现代作家画传丛书"，社长贺圣遂来约稿。因为我已写过《鲁迅传略》，所以在文字组织上并不困难，主要工夫花在配图上，上海鲁迅纪念馆和本书责任编辑邵丹都帮了很多忙。

我花功夫最多的是《鲁迅传》的写作。为了写好这本书，我对鲁迅作品进行了评点，在复旦大学出版社社长贺圣遂和总编辑高若海的支持下，出版了《吴中杰评点鲁迅杂文》《吴中杰评点鲁迅小说》《吴中杰评点鲁迅诗歌散文》《吴中杰评点鲁迅书信》，上述诸书合成一套"吴中杰评点鲁迅作品系列"。在这基础上，才着手写作五十万字的《鲁迅传》，于 2008 年 8 月出版。这大概可以算作我多年来从事鲁迅研究的总结。

鲁迅虽然已于 1936 年逝世，但文艺界和思想界环绕着鲁迅的争论并没有结束。这种斗争，错综复杂，一言难尽。如何概括，是一难题。有些研究者比较看重鲁迅研究领域中的论争，这当然是很重要的内容，但我却想从另一个角度切入，选择了五位鲁迅抬棺人和一位鲁迅丧事策划人，从他们的遭遇，来看鲁迅文艺路线的历史命运。书名就叫"鲁迅的抬棺人——鲁迅后传"。这本书倒很受读者欢迎，这是读者与作者之间的共鸣吧。作为作者，我是很高兴的。

我本以为我的鲁迅研究工作，到此可以结束了。想不到过了几年，复旦大学出版社新任总编辑孙晶要策划一套"中国现代作家图传丛书"，第一本是《鲁迅图传》，仍约我来写。因为评点过鲁迅作品，又写过《鲁迅传》，所以这本书写得比较顺利，很快交稿，并于 2018 年 8 月出版，它实际上是《鲁迅传》的压缩版，虽然章节标题和文字很有些不同。

现在出版社要再版我的鲁迅传记，他们从上述诸本鲁迅传记中，选择了字数比较适中、文笔比较通俗的《鲁迅图传》，以应广大读者之需，但将书名改为"鲁迅传"，这自无不可，特此加以说明。

吴中杰

2024 年 5 月

全书完

鲁迅传

作者 _ 吴中杰

产品经理 _ 聂文　　装帧设计 _ 董歆昱

技术编辑 _ 丁占旭　　特约印制 _ 杨景依　　出品人 _ 曹俊然

物料设计 _ 栗兜

鸣谢

王丽

图书在版编目（CIP）数据

鲁迅传/吴中杰著. —上海：复旦大学出版社,2024.6
ISBN 978-7-309-17372-7

Ⅰ.①鲁…　Ⅱ.①吴…　Ⅲ.①鲁迅(1881-1936)-传记　Ⅳ.①K825.6

中国国家版本馆 CIP 数据核字(2024)第 071516 号

鲁迅传
吴中杰　著
责任编辑/邵　丹

复旦大学出版社有限公司出版发行
上海市国权路 579 号　邮编：200433
网址：fupnet@ fudanpress. com　http://www. fudanpress. com
门市零售：86-21-65102580　　团体订购：86-21-65104505
出版部电话：86-21-65642845
上海盛通时代印刷有限公司

开本 787 毫米×960 毫米　1/16　印张 17　字数 191 千字
2024 年 6 月第 1 版
2024 年 6 月第 1 版第 1 次印刷
印数 1—5 100

ISBN 978-7-309-17372-7/K · 832
定价：78. 00 元